Walter F. Meyer Aus dem Tagebuch eines
Aus-/Um-/Einsteigers

© 1992 Buchverlag Basler Zeitung
Druck: Basler Zeitung, 4002 Basel
Printed in Switzerland
ISBN 3-85815-241-2

Walter F. Meyer

Aus dem Tagebuch eines Aus-
Um-
Einsteigers

Buchverlag Basler Zeitung

Weitere Bücher von Walter F. Meyer:

Amtlich pauschal frankiert

120 Seiten. Alles zum Nachlesen für Staatsbeamte, die dem St. Bürokratismus ihr Leben opfern und geopfert haben.

Hochverehrte Festgemeinde

120 Seiten. 17 satirische Geschichten aus dem Alltag eines Landjournalisten.

Kirschstängeli

Bände 2 und 3, je 112 Seiten. Die in den beiden noch erhältlichen Kirschstängeli sind Aufsteller- und Schmunzelgeschichten, zur Regeneration Stressgeplagter und als Rückblende volkskundlicher Art gedacht.

Rahmdäfeli

Bände 1 und 2, je 112 Seiten. Die je 28 Geschichten präsentieren sich in volkstümlicher Sprache eines Oberbaselbieters, verziert mit seinem goldenen Humor für das Exklusive.

29. Januar

Sie hätten das «Toggeli» gehabt, sagten früher die Leute nach einem Angsttraum: Man wollte im geträumten Horror nach Hilfe schreien – konnte aber nicht! Eben weil auf der gepeinigten Brust/Seele schwer das «Toggeli», ein Kobold, sass.
Mir hat geträumt, ich sei durch unser Dorf gegangen. Da seien links und rechts die Fenster aufgegangen. Und mit Hohngelächter hätten die Leute auf mich gezeigt: «Seht, das ist er jetzt, der Taugenichts und Tagedieb und seiner Eltern Schmach! Schaut nur, dort lungert er und stiehlt dem Herrgott den Tag ab – pfuipfui!»
All das nur deshalb, weil ich nach fünfunddreissigjähriger ehrlicher Berufsarbeit einen nicht ganz landläufigen Entschluss gefasst habe: Aus dem Stress zu steigen. Als Fünfundfünfzigjähriger nur noch gerade so viel zu arbeiten, dass ich Obdach, Nahrung, Kleider und so habe.
Kühn, nicht wahr?
Jetzt aber, am Morgen des zweitletzten regelmässigen Arbeitstages! Jetzt steht mir auf der Stirn der kalte Schweiss… Wegen des erwähnten Alptraums. Vermutlich war dieser doch mehr als ein Traum: Wer mit fünfundfünfzig nicht mehr volle Kraft voraus dem Bruttosozialprodukt dienen will, der muss doch von jeder Leistungsgesellschaft verdientermassen geächtet werden! Sogar dann, wenn er mit der Freigabe seiner guten Stelle einem jungen Berufstätigen reelle Chancen gibt. Gefälligst!

Aber im nächsten Augenblick stelle ich mir den gesetzlich geschützten Stress vor, den Blutdruckförderer, den Nervenrüttler. Wirtschaftsförderer haben diese Arbeitswut gegen Ende des zwanzigsten Jahrhunderts erfunden. Und damit die zum neuen Volksbrauch erklärte grimmige Pflicht: Von halb acht bis zwölf. Von halb zwei bis sechs. Und oft bis weit in den (sogenannten) Feierabend hinein.
Ja bitte, muss diese zweifelhafte Erfindung den Menschen nicht geradezu perfid daran hindern, wirklich zu leben, die Wunder der Schöpfung bewusst wahrzunehmen, zu er-le-ben?
Genau darüber sann ich vor einiger Zeit nach: In sechs Tagen hat der Schöpfer das grösste Wunder erschaffen. Den Kosmos. Was aber tut der in dieses Wunder integrierte Mensch, was? Blind geht er an dem Wunder vorbei! Blind, weil er seine Augen zum Geldverdienen braucht – nicht zum Wundersehen. Ist das klar…? Schliesslich lebt der Mensch, um zu arbeiten. Sagt der Mensch.
Genau an dieser Stelle freilich bin ich stutzig geworden: Sollte der Mensch nicht eher arbeiten, um zu leben? Müsste er nicht doch andere Werte als sein Bankkonto zur Hauptsache machen?
Von da an, meine Lieben, ging's mit mir bergab. War's bis zur Kündigung meiner gutbezahlten Stelle nicht mehr weit. Grund: «Ich möchte zu leben beginnen.»
Meine Chefs nannten mir darauf besorgt, aber väterlich, Adressen guter Psychiater. –
Grosser Gott, wenn nur alles gut geht!

4.35 Uhr. Mit einem Gefühl der Unsicherheit sitze ich auf der Bettkante. Ich, Aussteiger in spe. Künftiger Fasttagedieb und Schädling am Bruttosozialprodukt.
Gehe schliesslich in die Küche. Braue mir einen kriminellen Felsensprenger-Kaffee. Lege mich zum Nachdenken auf die Couch. Der Kaffee beruhigt mich immer. Schon das ist nicht normal. Denn Kaffee muss aufregen. Das behaupteten auch meine Bürokollegen immer. «Der Meyer ist eben ein Spinner», tuschelten sie jeweilen hinter vorgehaltener Hand.
Jetzt, im Morgengrauen, indessen frage ich: Haben auf unserem immer noch wundervollen Planeten neben (sogenannten) Normalen nicht auch Spinner Platz? Wenn der liebe Gott ausser entfesselten Förderern des Bruttosozialprodukts auch (sogenannte) Nichtsnutze und Tagediebe erschaffen hat?
Trotzdem: Ganz wohl ist es mir beim Läuten der Morgenglocken nicht!

31. Januar

Letzter Arbeitstag! Schon um viertel vor fünf aufgewacht: Wirrer Kopf. Offenbar schafft Aussteigen aus der heiligen Norm doch Ängste. Grosszügig fördert das Unterbewusstsein Verdrängtes kurz vor der Stunde der Wahrheit zutage.
Zum Beispiel: Könnte es nicht schon finanziell

schiefgehen? Bisher hatte ich an jedem Fünfundzwanzigsten die Zahltagsanweisung im Briefkasten. Dies wird sich bös ändern! Allzu grosse Sprünge werden mir künftig nicht erlaubt sein – jedoch: Benötige ich für ein bewusstes, glückliches Leben tatsächlich allzu grosse Sprünge?
Finde ich nicht im Gegenteil den schmalen Weg zur Zufriedenheit und damit zum Glück eher, wenn ich den Docht des Lebensstandards beträchtlich zurückschraube?
Irgendwo kräht ein Hahn. Das gibt es bei uns noch. Beziehungsweise wieder. Offenbar besinnen sich gewisse Leute auf verlorene Werte zurück.
Kikeriki, da weiss ich es auf einmal: Die Ferien in der Karibik brauche ich nicht mehr unbedingt. Mein gesellschaftliches Image ist wegen Handtuchwerfens jetzt dann ohnehin futsch. Daran würden die gesellschaftlich unumgänglichen Karibik-Ferien nichts ändern.
Aus ähnlichen Gründen bedarf ich künftig auch nicht mehr regelmässig eines Prestige-Menüs (Parmaschinken mit Mangopurée und grünem Pfeffer, Wildkraftbrühe, Chicoréesalat «Super», Seezungenröllchen, Trockenreis, Grapefruitsorbet mit Gewürztraminer, Vacherin Mont d'or und weitere Desserts vom Wagen).
Ich gelobe mir deshalb, viel Kartoffeln einzulagern. Direkt vom Landwirt.
Sechs Uhr. Ein wenig bin ich doch beruhigt. Dank den einzulagernden Kartoffeln: Sogar von der Hand in den Mund wird man gewiss menschenwür-

dig leben können! Entsprechende Einstellung vorausgesetzt. Ohne Rauchschinken mit Kiwipurée zwar. Aber möglicherweise als relativ freier Mensch.
Nicht eher eine verlockende Aussicht?
Heute allerdings muss ich der frohen Büromeute nochmals einen dem ausgebrochenen Wohlstand entsprechenden Abschiedstrunk spendieren. Vielleicht mit Kalbsfiletmedaillons in Blätterteig und Schokolademousse/Doppelrahm.
Ein einziges Mal noch «in» sein! Dann aber: Au revoir, süsses Leben!

5. Februar

Und bereits ist er gemacht, der grosse Schnitt. Der vieles verändernde Einschnitt in mein bisheriges, zum Husten geregeltes Leben.
Bereits seit fünf Tagen nämlich bin ich «pensioniert», «Partikular», «Privatier», nicht mehr im geordneten, «anständigen» Arbeitsleben. Nicht mehr im hektischen Fünftagerennen, wie es sich für einen leistungsbewussten Bürger – Bewohner eines der reichsten Länder! – geziemen würde.
Pfuipfui?
Meine selbstgewählte Freiheit allerdings kann ich noch nicht so richtig geniessen: Ist diese tatsächlich Wirklichkeit? Oder träume ich mein plötzliches freies Leben bloss? (Immer schon war ich ein wenig ein Träumer!) Oder bremst am Ende doch das

schlechte Gewissen des nichtsnutzigen Aussteigers?
Jedenfalls muss man in solchen ersten Tagen ganz schön aufpassen. Sonst kreuzt man – der Mensch ist ein Gewohnheitstier! – so mir nichts, dir nichts im Geschäft auf. Wie einst im Mai. Ich kenne Pensionierte, denen das passiert ist.
Apropos Pensionierte: Bereits in diesen ersten Tagen entdecke ich, dass jeder Ausstieg aus dem normalen Berufsleben doch eine grössere Zäsur ist, als man wahrhaben will. Vor allem weil man in der Leistungsgesellschaft nullkommaplötzlich ein NIEMAND ist! Ausserdem entsteht schon ein Vakuum der Zeit, wenn plötzlich die oft verdammte Pflicht und Schuldigkeit mit vielen Telefonaten, Besprechungen, Aufträgen wegfällt. Einfach nicht mehr da ist.
Gut, ich habe meinen Entscheid freiwillig getroffen. Jetzt aber, bei meinem herrlich ungestörten Morgenkaffee (ad absurdum), muss ich an die regelkonform Pensionierten denken. Diese befinden sich ja nicht in meiner komfortablen Lage – im Gegenteil: Sie sind nicht aus freien Stücken gegangen, sie wurden gegangen! Muss es nicht regelrecht schiefgehen, wenn sich «die Gegangenen» nicht frühzeitig körperlich, geistig und seelisch auf den ihnen diktierten neuen Lebensabschnitt einstellen?
Die Kaffepreise fallen wieder. Der schwarze (bestimmt ungesunde) Starter, ohne Hast genossen, schmeckt darum besonders gut. So en passant jedoch beginne ich zu ahnen, warum immer wieder

Pensionierte am berüchtigten Pensionierungsschock sterben. Wahrscheinlich müsste man AHV-Kandidaten viel gründlicher auf das Abstellgleis (das keines zu sein braucht!) vorbereiten.
Denn der dritte Lebensabschnitt dürfte doch kein brutaler Schock sein! Besonders deshalb nicht, weil er so viele Chancen bietet – die bloss genutzt werden müssen.

9. Februar

Jetzt kann ich mir's leisten, zu unschädlichen Zeiten einzukaufen. Bisher musste ich ja meine karge Nahrung nach Büroschluss im ärgsten Einkaufsrummel posten.
Neuerdings lädele ich mit Vergnügen am frühen Vormittag. Wenn die Konsumentenwelt noch in Ordnung ist. Bevorzuge als Auchhausfrau, die nicht bloss einkaufen, sondern auch ein wenig schwatzen will, die letzten Dorfläden. Denn dort trifft man am ehesten noch auf Spuren menschlicher Kommunikation.
Es muss sich herumgesprochen haben, mein Aussteigen. Steuert deshalb unsere liebenswerte zweibeinige Dorfzeitung im Direktgang auf mich zu, als ich für körperliches Behagen mein Vollkornbrot in das Wägelchen lege? «Aber wirklich, da haben Sie etwas Gescheites getan», schwärmt sie, «dazu kann man Ihnen gratulieren!» Vor Begeisterung stösst sie das Gestell mit der Katzennahrung um. Es ble-

chelt sehr. Doch unbeirrt dringt die allwissende Dame weiter auf mich ein: «Erst letzte Woche habe ich zu Frau Schweinberger gesagt, ob der wohl ewig für seine Erben krampfen wolle, wissen Sie, mitnehmen können doch auch Sie nichts, Ihr letztes Hemd hat ebenfalls keine Taschen, o das freut mich aber, dass Sie's eingesehen haben!» Mein Aussteigen macht die gute Frau richtiggehend glücklich! Bin ich deshalb nicht geradezu ein Glücksspender?

Etwas später decke ich mich in der Gemüseecke mit der täglichen Zweckbotanik ein. Vernehme von der Kasse her als unfreiwilliger Horcher an der Wand meine eig'ne Schand, die Stimme der begeisterten Dorfzeitung: «Also jetzt sagen Sie, was halten Sie davon, hat der doch noch gesunde Glieder und faulenzt einfach, mit fünfundfünfzig, ist doch wirklich nicht zu glauben, eine Sünde ist das, ja sagen Sie, ist das nicht eine Sünde?»

Es darf gelächelt werden. Die menschlichen Kontakte, sie leben! Glücklicherweise habe ich in den letzten Tagen wieder eifrig Jeremias Gotthelf gelesen. Darum ist es mir nun möglich, ohne Vorbehalte zu schmunzeln: Der Mensch hat sich seit Gotthelf nicht verändert!

Das billige Hausmittelchen Klatsch-Tratsch – welch segensreiches Sicherheitsventil ist es bei psychischem Überdruck für viele Leute! Ja sogar für Menschen.

17. Februar

Was gilt in unserer Gesellschaft als ehrliche Arbeit? Was als lasterhafter Müssiggang?
Als ich zur Post gehe, füllt der letzte Bauer im Dorf ein Druckfass mit Jauche. Denn Mist ist des Bauern List.
«Soso, Sie arbeiten scheint's nicht mehr», meint er im Duft der grossen weiten Welt. Balanciert zwischen den Zähnen gekonnt seinen Rustikalstumpen. Gesunde Neugier gehört «scheint's» auch zum Agrarleben.
«Nein, ich habe mich selbständig gemacht», erwidere ich artig. Ein freundlicher Frager hat schliesslich ein Recht auf eine freundliche Antwort.
«Ja, und was treiben Sie jetzt so?»
Ich erkläre ihm, ein wenig für Zeitungen schreiben, Berichte, kleine Fotoaufträge, hie und da ein Büchlein, ja eben, und Derartiges.
Ungläubig schaut mich der wackere Mann der Scholle an. Meint schliesslich bedächtig: «Also nein, Sie, das könnte ich nicht, so das ganze Jahr keinen Streich zu arbeiten, wie man das aushalten kann?»
Kopfschüttelnd startet er seinen imposanten Traktor. Die Duftspur des Fasses zeugt biologisch unschädlich von ehrlicher Arbeit.

23. Februar

Der Briefträger hat ein Gesicht!
Allmählich pendle ich mich in den ungewohnten Rhythmus des Zeithabens ein. Gerade weil jetzt meine Zeit nicht mehr rationiert ist, erlebe ich Neues, Merkwürdiges, ja Unglaubliches.
Erst heute morgen, geradezu sensationelle Entdeckung: Unser Briefträger hat ein Gesicht!
Bisher hatte er, wenigstens für mich, keines. Zwar erachtete ich den Briefträger bisher schon als etwas recht Praktisches, besonders wenn er angenehme Briefe brachte oder gar Geld. Ihn aber näher ansehen? Wo er für seine Bemühungen doch den Lohn hat, von uns Briefmarkenleckern honoriert wird?
Jedoch heute morgen, da hatte ich gerade so schön Zeit, ihm einmal ins Gesicht zu schauen, das er tatsächlich hat. Ja bitte, welchem heisslaufenden Verdiener im Achtstundenzwang wäre es möglich, in Gesichter oder gar in Augen von Mitmenschen zu blicken?
Unser Briefträger hat über der Nasenwurzel eine steile Falte. Auch dünken mich seine Augen ein wenig traurig. Ach, und jetzt fällt's mir wieder ein: Im Dorfladen hat vor ein paar Tagen unsere zweibeinige Dorfzeitung erzählt, die Frau unseres Briefträgers habe Arthritis, sie müssten die Hauspflege haben.
«Nehmen Sie einen Kaffee, bei diesem Hundewetter?»

Er lehnt dankend ab. «Wissen Sie, Briefträger funktionieren nach der Stoppuhr der Kreispostdirektion!»
Als er mit wehender Pelerine weitergeht, dünkt es mich: ein ganz, ganz klein wenig heller sei sein Gesicht doch geworden.

28. Februar

Ich habe jetzt auch mehr Zeit und Gelegenheit, Zeitungen zu lesen. Heute berichtet das Tagblatt knapp und prägnant mit acht Zeilen von einem weitern Drogentoten. Der junge Mann sei erst drei Wochen nach dem tödlichen Schuss in seiner Wohnung gefunden worden.
Kürzlich habe ich auch gelesen, der Tod einer alten Frau sei erst nach vierzehn Tagen entdeckt worden.
Und heute dünkt mich – ich weiss nicht, warum – mein doch sorgfältig gebrauter Kaffee bitter.
Oder stimmt in einer Gesellschaft, die einsam Gestorbene erst nach zwei, drei Wochen findet, am Ende doch nicht mehr alles?

6. März

Wir leben im Zeitalter des Fernsehens. Offenbar dünkt es uns bequemer, Leben nicht aus erster Hand zu erleben, sondern bloss aus zweiter. Gewis-

sermassen elektronisch aufbereitetes Leben. Trotzdem leistete ich mir heute das Vergnügen des Nahsehens: Durch das Fenster in die Nähe. Einfach so aus dem Fenster.
Eine weisse Katze zog eine faszinierende Live-Vorstellung ab. Seit ich einmal weisse Katzen im Schnee schwarzweiss fotografieren musste, sind mir weisse Katzen zwar eher ein Alptraum...
«Meine» Katze indessen machte manches wieder gut. Sie spielte im Sturmwind mit einem zerknüllten Butterbrotpapier. Und genau dies war ein begeisterndes Schauprogramm. Denn die Miezekatze lebte mir «Lebenslust total» vor. Duckte sich zum Sprung, warf sich wie ein Ball hoch in die Luft, wenn der Wind das Papier fortwirbelte, fasste es in unbändigem Jagdtrieb, liess es wieder aus Zähnen und Krallen, machte eine Art Hechtrolle, überkugelte sich elegant im weichen Märzenschnee, entspannte jede Faser ihres Körpers, liess den Zuschauer eine eigentliche Wollust spüren.
Doch im nächsten Augenblick schon wieder alle Sinne zum schleudernden Sprung bereit. Neuerdings wie ein Geschoss durch die Luft. Und abermals hatte sie ihre papierene Beute. Schenkte ihr spielerisch, schalkhaft verspielt die Freiheit aufs neue. Feierte mit Überkugeln, sich im Schnee wohlig badend, federnd, sich reckend, streckend ihr neues Erfolgserlebnis.
Allein schon das Zuschauen tat einem bis in die Fingerspitzen wohl!
Später trieb es die weisse Katze mit den verdorrten

Hortensienblüten. Schüttelte ihnen in vollendeter Zirkusakrobatik den Schnee ab.
Mich dünkte, das entfesselte Mini-Raubtier lache, juble, quelle von spontaner Lebensfreude über.
Nach meinem nichtsnutzigen Nahsehen: Ob solche Lebensfreude wirklich nur für die Katze ist?

18. März

Immer wieder vermiesen gewisse Frauen ihren Geschlechtsgenossinnen den Hausfrauenberuf noch ganz. Dieser sei menschenunwürdig, stumpfsinnig, vollkommen unkreativ, langweilig, todlangweilig.
Entschuldigen Sie meine andere Meinung: Der vielseitige Beruf der Hausfrau dürfte eine der interessantesten und vielseitigsten Beschäftigungen sein! Ein Dorado zu nutzender menschlicher Gestaltungs- ja Schöpfungskraft. Voller kleiner Wunder.
Sofern man diese sieht.
Das Entdecken von Attraktivem im scheinbar Unattraktiven ist, zugegebenermassen, nicht bloss eine Frage des Wollens, sondern auch eine solche der Zeit. Als Wahlhausfrau erfreue ich mich nun der glücklichen Lage, für solche Sehenswürdigkeiten Zeit zu haben. Beispielsweise beim Kochen von Mais oder von Reis (was sich sogar reimt).
Heute kochte ich als passionierter «Reisläufer» stilgerecht Reis. Erlebte das aufregende Schauspiel eines Mini-Vulkans in Aktion: Nachdem sich die

Bratensauce mit dem köchelnden Reis vermischt hatte, hub zu froher Mittagsstunde in der Pfanne eine spektakuläre Walpurgisnacht an. Denn es siedete und brauste und zischte, als ob Wasser mit Feuer sich mischte.
Vom kraftvollen Schauspiel in den Bann gezogen, verfolgte ich das gewaltige Ausbrechen eines Vulkans. Nahm erschauernd die Eruptionen wahr, nachdem die vom Sauerstoff begünstigten, heftig blubbernden Reisblasen explodiert waren. Dampf quoll fauchend über den Kraterrand. Ja, mit etwas Fantasie bekam man sogar den Schwefel eines kriminellen Vulkanausbruches in die Nase.
Und das Spektakel mit den explodierenden Kratern wurde immer grandioser. Nicht brachte ich es nämlich über das Herz, die Plattenhitze zurückzustellen.
Wie attraktiv doch, den ausbrechenden Vesuv oder Ätna zu Hause in der eigenen Reispfanne zu haben!
Um Eindrückliches zu erleben: Sich in den richtigen Rahmen versetzen. Allenfalls die Augen etwas zukneifen. Sich mit seiner angeborenen Fantasie gehen lassen...
Freilich: Schon die Raumfahrt hat die voraussehbare Erfahrung gemacht: Beim Wiedereintritt in die Erdatmosphäre entsteht durch Reibung gewaltige Wärme.
Aber auch ich verspürte als Beobachter des geschilderten Vulkanausbruches auf einmal stechende Hitze: Schmerzend heisse Reisspritzer (oder

war's doch Lava?) in die Augen! Verhinderte mit dem Pfannendeckel geistesgegenwärtig Sofort- oder Spätschäden.
Und sagte mir: Wahrscheinlich ist eben doch jeder Wiedereintritt in die Erdatmosphäre, jede Rückkehr auf den Boden der Wirklichkeit mit Friktionen verbunden!

25. März

Mit einem eigenartigen Gefühl aufgewacht: Angst? Werde ich am Ende doch noch im Armenhaus landen?
Wahrscheinlich kennen alle Aussteiger, die in flachere Gewässer springen, solche Augenblicke der Angst, ja Panik. Schliesslich lautet im schönen (und reichen) Land, in dem ich lebe, die Hauptdevise: Safety first!
Heute hat nämlich mein ehemaliger Bürokollege Albert Zahltag. Alberts Gehaltskonto wird eine neue, behäbige Saldozahl bekommen. Auf meinem Konto hingegen stagniert der Saldo. Das hat man davon! Beneide ich Albert?
Später führt mich der junge Hund meiner Nachbarn spazieren. Rechtzeitig nämlich habe ich mich Senecas Spruch «Dem Neide wirst du entgehen, wenn du verstehst, dich im Stillen zu freuen» erinnert.
Zur Selbstheilung suche ich deshalb die Stille auf. Idyllische Waldwiese im Vorfrühling. Nie hätte ich

gedacht, dass Waldwiesen an Dienstagvormittagen so still und friedlich sein können. Noch Spuren von Märzenschnee. Aber der Frühling guckt bereits schelmisch durch das Schlüsselloch.
Auf einem gefällten Baum sitzend, horche ich die Stille in mich herein. Der herumtollende Hund stört mich in meiner kostengünstigen Mini-Meditation keineswegs.
Ich visualisiere: Albert ochst jetzt im Paragraphen-Dschungel an einem komplizierten Vertrag herum. Im Geist höre ich den Schreibautomaten rattern, ein gehässiges Geräusch, wenn er printet. Bei der Mittagssuppe wird Albert gedankenverloren an der Auslegung von Artikel 619 des Schweizerischen Zivilgesetzbuches herumhirnen.
Wie farbendicht demgegenüber die Märzenblümchen ihre Geburt anzeigen! Kein Printer zerstört die Stille der sonntäglich werdenden Werktagswiese. Mich dünkt auf einmal, ich hätte Zahltag.
Wozu eigentlich Neid? Wahrscheinlich hat der römische Philosoph und Freund der Gelassenheit mit seiner vor zweitausend Jahren preisgegebenen Weisheit doch die Wahrheit – und nichts als die Wahrheit – verkündet!

3. April

Südseeblau läutet in meinem Garten die Plenarversammlung der Krokusse den Frühling ein.
Merkwürdig: Erst heute wird mir bewusst, dass ich

mich viele Jahre nicht richtig über die Blütenpracht im allgemeinen und über jene der Krokusse im besondern freuen konnte. Und wie ich so die botanische Schönheit auf mich einwirken lasse, ahne ich auf einmal den Grund: Mein damaliger Botaniklehrer hat mir – wohl in bester Absicht – die spontane Freude an Blütenpracht auf Jahre hinaus verleidet, vermiest!
Im Botanikunterricht nämlich mussten wir Blüten brutal in deren Bestandteile zerlegen. Dann die zarten Details identifizieren, benennen, zeichnen: Frucht- und Staubblätter, Staubbeutel, Narbe, Griffel und dergleichen.
Solches Tun stärkte unsern Intellekt, unser (theoretisches) Schulwissen erfuhr eine weitere Aufstockung. Aber: Es hatte einen schweren Nachteil, der mir erst jetzt bewusst wird: Der heutige Spezialarzt sieht nur noch die Leber des Patienten, wenn dieser über Leberschmerzen klagt. Die Leber, von allem anderen separiert, nicht mehr den ganzen, immerhin seelisch gesteuerten Menschen. Analog dazu sahen wir damaligen Botanikschüler nicht das Wunder einer Krokusblüte, sondern nur die separat nicht sonderlich beeindruckenden Blütenteile. Beziehungsweise wurden wir im Interesse des Lehrplans vom gutmeinenden Lehrer angewiesen, bloss fragmentarisch, engwinklig, höchst mangelhaft zu schauen. Angeschlagen wurde in uns nichts. Und genau deshalb bestanden Blüten aus langweiligen Fruchtblättern und Staubbeuteln, nicht aus einem grossen, unbegreiflichen Wunder.

Dies dürfte der Nachteil einer auf geistige Stopfmahlzeiten ausgerichteten Schulbildung sein!
Man führte uns damals also nicht behutsam an Wunder heran. Im Gegenteil liess man uns Wunder sezieren, zerfleddern. Und vielleicht war ich gerade deshalb lange Zeit für das Wunder einer ganzen Krokusgruppe dermassen «sehbehindert».
Nun muss ich mich wohl oder übel autodidaktisch an Wundern zu freuen lernen. Einfach so. Ohne nach Details zu fragen. Ohne das journalistische Wer/Was/Wo/Wie/Wann/Warum? zu praktizieren.
Auch heute wird einfaches Sehen ja kaum in der Schule gelehrt: In einer (menschlich kalten) Zeit der wissenschaftlichen Aufklärung ist nicht mehr das Wunder als Ganzes entscheidend – o nein, mit allen Mitteln muss herausgefunden werden, warum es zu einem solchen Wunder kommen kann – das Wunder wird zum Forschungsobjekt degradiert!
Jawohl, der zehnmalkluge, hochintelligente und vielleicht deshalb nicht eben weise Mensch kann fabelhaft den Befruchtungsvorgang in einer Blüte erklären – das grosse Wunder des Blühens kindlich einfältig, kindlich staunend und kindlich jubelnd zu erleben, dessen ist er in seinem Wahn nach Wissen nicht mehr fähig...
Liebe Krokuswunder in meinem Garten, ist der Mensch tatsächlich reich und glücklich, wenn er mit Hilfe der allmächtigen Wissenschaft alles und jedes erklären kann? Darf der als reichlich grössenwahnsinnig gewordener homo sapiens Wunder wirklich ungestraft sezieren und zerfleddern?

11. April

Heute morgen, 07.23 Uhr, habe ich im «Waldenburgerli» einen Menschen kurz lächeln gesehen.
Bereits gleichentags um 21.35 Uhr ist das Ereignis von mir in seiner ganzen atemraubenden Tragweite erkannt worden.
Provisorisch begreifen können dürfte ich es gegen Ende des Monats.

18. April

Wieder einmal an einer grossen Messeveranstaltung gewesen. Um all die Dinge zu sehen, die ich nicht brauche. Das Angebot: Überwältigend!
Früher ging ich nach solchem Konsumrummel zur Tagesordnung über – die betäubende Hast hatte mich wieder!
Neuerdings hingegen bleibt mir Zeit zu denken, Eindrücke zu verarbeiten, Fragen zu stellen. Kritische Fragen, etwa:
Braucht der Mensch das ungeheure, nicht mehr annähernd überblickbare Produkt-Angebot tatsächlich? Muss die Erzeugung der Güter in solcher Vielzahl, die kolossale Mengen von Energie benötigt, wirklich ad absurdum getrieben werden? Obgleich die Ressourcen der grosszügigen Erde beschränkt, also nicht unbegrenzt sind? Obschon die lapidare Feststellung «Après nous le déluge» künftigen Geschlechtern gegenüber nicht sehr näch-

stenlieblich ist? Obschon sich eines Tages jeglicher Raubbau rächen wird?

Ja, und da erinnere ich mich der Aufschrift an einem zum Kaufen animierenden Stand: «Unser epochemachendes neues Produkt entspricht einem echten Bedürfnis – nutzen Sie die hohen Intelligenzquotienten unserer Techniker!»

Kann mir nicht helfen, mir fallen auf einmal die sprichwörtlichen Schuppen von den Augen. Noch nie war ich davon überzeugter: Ein neues Produkt wird fast nie entwickelt, weil es einem echten Konsumentenbedürfnis entspricht – im Gegenteil: Zuerst entwickelt die clevere Industrie ein Produkt, und in einem zweiten Schritt erst schafft der geschickte Werbechef dafür das Bedürfnis! Klartext: Dem Kunden wird kühn suggeriert, ohne die neue Errungenschaft könne der Mensch nicht mehr leben.

Dies, obgleich er ohne das epochemachende neue Produkt wie vorher angenehmstens über die Runden käme!

Längere Denkpause.

Dann: Warum wohl lassen wir angeblich umweltbewussten, aufgeklärten Konsumenten uns von zu eifrigen Geldscheffern dermassen für dumm verkaufen?

Und wie lange noch lässt sich Mutter Erde schamlos kommerzialisieren, ausbeuten?

Kaum einer durchschaut den Schwindel!

29. April

Zuweilen sind sogar trübe Regentage strahlend sonnig. Dabei habe ich heute gar nichts Sensationelles erlebt.
Bloss am Morgen. Schaute ich da zu, wie ein Bub aus der Nachbarschaft zur Schule ging. Ein recht grossmauliger übrigens. Faszinierend falsch pfeifend ging er die verkehrsreiche Verbindungsstrasse hinunter.
Vor der Transformatorenstation blieb er stehen. Auch ich entdeckte ihn dann bei näherem Hinschauen, den lebensfrohen Igel: Wohl auf ein imaginäres Vortrittsrecht bauend, trippelte er sorglos über die Strasse. Wahrscheinlich weil es auf der andern Seite saftigere Schnecklein gab.
Ich schaute dann noch zu, wie der grossmaulige Bub, weiter falsch pfeifend, seine Strickmütze abzog und mit ihrer Hilfe das Stacheltier aus der Gefahrenzone trug. Erst weit hinten in der kürzlich abgemähten Wiese setzte er den Igel behutsam auf den Grasboden.
Sicher gute zweihundert Meter weit transportierte der Bub auf seiner Kappe den zur Kugel eingerollten Igel vom Schwarzen ins Grüne.

7. Mai

Jetzt bin ich doch in die Vollwertkost gestiegen. Nach langem Studium der Materie. Habe unter

dem Motto «Jeder sein eigener Müller» eine bescheidene Getreidemühle angeschafft. Beileibe keine elektrische: Ich mag vollmotorisierte Küchen nicht!
Man kann doch nicht einerseits gegen Kernkraftwerke sein und andrerseits den Haushalt mit Stromfressern randvoll stopfen. Solches grenzte ja an Schizophrenie! An Aufwand und Ertrag gemessen, wäre es zumindest Verhältnisblödsinn (nach Ansicht von Fachleuten ist solcher im Land allerdings trotzdem weitverbreitet).
Nun, meine «Kornmühle des Kleinen Mannes» erfordert noch zumutbare Investitionen von Muskelkraft. Man muss nämlich die Mahlsteine mittels einer Kurbel drehen: Ähnliches Betriebssystem wie die altehrwürdigen Kaffeemühlen aus Grossmutters heimeliger Küche.
Eben, und frühmorgens «wenn die Hähne krähn», turne ich jetzt mit meiner schlichten Drehorgel vergnügt, umweltbewusst und gesund früh. Mahle das für ein karges, aber wertvolles Vollwert-Müesli benötigte Quantum Weizenkörner. Mache dabei die erstaunliche Feststellung:
Dank dem bewusst eingefüllten Getreide entsteht zur freigiebigen Mutter Erde plötzlich wieder eine regelrechte Beziehung!
Wie gedankenlos habe ich doch jahrelang im Supermarkt abgepacktes Mehl gekramt, ohne darin noch eine wundervolle Gabe Gottes zu erkennen! Und ähnlich ergehen dürfte es jetzt noch Tausenden von Konsumenten. Diese wissen doch oft gera-

de noch knapp, dass Brot und Milch aus dem Einkaufscenter stammen...
Jedoch der Ursprung?
Mit rustikal-rauhem Reibgeräusch rieselt das köstliche frische Getreideschrot in das Auffangschälchen. Auf Getreidefelder habe ich zwar keine Aussicht – macht aber nichts: Dank der auf einfachste Weise wiederhergestellten Beziehung zum Ursprung meines Mahlguts wogen jetzt vor meinen Augen weite, goldgelbe Ährenfelder.
Dies im April!
In meiner Jugend, als ich Wunder noch empfinden konnte, haben mich wogende Kornfelder stets fasziniert. Und zu meiner grossen Freude empfinde ich sie jetzt – in der blossen Vorstellung – auf einmal wieder als beglückende Harmonie in Vollendung.
Wozu selbst einfachste Kornmühlen gut sind!

16. Mai

Frühling in einem Tessiner Seitental. Noch nicht vom Tourismus überlaufen, wie schön: Man kann sich noch mit den Einheimischen unterhalten!
Zweimal in der Woche, am Dienstag und am Freitag, bringt der motorisierte Bäcker aus der grossen, grossen Stadt (Locarno) das Brot in das Dörfchen. Immer so um neun. Wir warten gemeinsam auf dem Dorfplatz.
Heute ist schon zehn vorbei. «Wenn ihm nur nichts

passiert ist», meint besorgt eine ältere Frau mit südlich gegerbtem Ledergesicht. Denkt offenbar nicht wie wir tempogeplagten Nordischen zuerst an die durch Warten verlorene Zeit. Aber auch sonst schimpft niemand ungeduldig. «Es gibt doch heute so viele Verkehrsunfälle», fügt die Frau, in echter Angst um den Bäcker, hinzu.
Wir sitzen auf dem schon angenehm warmen Steinmäuerchen. Auch die scheuen, aber ungemein flinken Eidechsen sind schon erwacht.
Um viertel vor elf sagt die Frau mit dem wohl selber geflochtenen Henkelkorb: «Ja, also jetzt sollte er dann schon allmählich kommen!»
«Heja», erwidere ich, «wo Zeit Geld ist».
Doch das nun ist ganz und gar nicht nach dem Geschmack der urchigen Südländerin – ungläubig schaut sie mich an: «Zeit Geld? Aber nein, Sie, Zeit ist doch Leben!»
Dann endlich fährt der Bäcker an. Ein Rad seines Lieferwagens hatte Lust auf einen Nagel. Die Wartenden lachen erleichtert. Gottseidank, der Bäcker nicht im Spital! Und herrlich duftet das frische Brot trotz der Verspätung durch den Frühlingstag. Meinem asketischen Gastrustico entgegen. Die Eidechsen huschen. Zeit Geld?
Sollten wir Nordländer nicht vielleicht doch gewisse Redensarten auf ihren Sinn überprüfen und allenfalls abändern?

17. Mai

Den ganzen Tag nichts Spektakuläres passiert. Bloss vielstündige Blüten-Sinfonie. Mit weissen, wattenen Wolken. Ich schaute und lebte. Einfach so. Bis ich mich unerklärlich reich fühlte.

29. Mai

Heute morgen, halb sechs (Sommerzeit) akustische Halluzination – höre ich ebenfalls bereits Stimmen?: Deutliches Hähnekrähen, kikeriki, noch und noch. Kikeriki!
Ich fühle mich schon arg beunruhigt. Denn jahrzehntelang habe ich frühmorgens keine Hähne mehr krähen gehört. Vor allem weil Hähne aus der Mode gekommen sind, bereits als museale Objekte gelten, höchstens noch für Nostalgiker von Bedeutung. Dann aber wohl auch, weil der leistungsbewusste, geknechtete und gestresste Mensch kaum noch die Fähigkeit hätte, in einer Welt brutallärmiger Reizüberflutung rustikal weckende Güggel wahrzunehmen.
O nein, heute erwacht man als Pflichtbewusster vor dem hektischen Achtstundenrennen wegen rasselnder Wecker, hupender Autos, gehässig surrender Mopeds. Vor allem jedoch infolge bohrender Sorge um das neue Computerprogramm. Ob dieses tatsächlich Effizienz bringt? Motto: Die Pflicht sei dem Menschen heilig!

Zugegeben, der Pflicht unterliegen wir als soziale Wesen bestimmt. Das ist mir im frohmachenden Kikeriki eines wohl bloss in besorgniserregender Einbildung existierenden Hahns durchaus bewusst. Nur so dürfte der imposante Ameisenhaufen Erde leidlich funktionieren. Aber die vielzitierte Hand aufs Herz: Ist Pflicht tatsächlich in solch enormer Menge erforderlich? Verfünfzigfachen wir nicht selber das berühmt-berüchtigte Pflichtsoll – aus Karrieresucht, aus oft krankmachendem Ehrgeiz heraus? Leisten/leiden nicht viele von uns in fragwürdigem materiellem Denken freiwillig, statt zu leben? So extrem, ja krankhaft, dass sie an jubilierenden Maimorgen das grandioseste Vogelkonzert nicht mehr wahrnehmen können?

Heute gelten Vogelstimmen oder Kirchenglocken ja als gesetzlich verfolgbare Lärmbelästigungen. In meiner Jugendzeit hingegen begannen in aller Selbstverständlichkeit die Morgen mit ungebremstem Vogelgezwitscher, mit dem heimeligen Geräusch des Sensendengelns, mit lebhaftem Muhen aus Baumgärten, mit frohmachender Natur weit im Rund. Und ich lauschte denn auch jeden Morgen dem faszinierenden akustischen Reichtum der moralisch aufrüstenden Morgenmusik. Wohl war es die unbewusste Meditation des Kindes, das für den neuen Tag Kraft schöpfte. Das einen neuen Tag noch als Geschenk empfinden konnte.

Dann deckte die sogenannte Pflicht die Fähigkeit, erleben und somit tatsächlich leben zu können, zu. Eine Pflicht, die ich mir aus fadenscheinigsten

Gründen selber auferlegt hatte. Eine Pflicht, die bequem ach so vieles entschuldigte...
Gottseidank, es ist noch nicht zu spät, den neuen Tag als geheimnisvoll verpacktes Geschenk wieder bewusst zu erleben: Endlich wieder nehme ich beim Aufwachen in meditativer Ruhestellung jauchzende Amseln, lebenslustige Güggel wahr!
Den erwähnten Kikerikier bildete ich mir übrigens doch nicht ein: Eine sofort eingeleitete Untersuchung ergab, dass die Arztfamilie in meiner Nachbarschaft Hühner und eben einen stimmgewaltigen Gefiederchef angeschafft hat. Also wenn ein Medizinmann Hühner und Hahn postet, wird er wissen, warum, oder?
Ich aber bin glücklich, künftig wie an erwartungsvollen Bubenmorgen mit sanfter Kikeriki-Gewalt auf vierundzwanzig neue Stunden atemraubenden Lebens vorbereitet zu werden.
An grosszügig geschenkten Morgen: Ein Vollwertmüesli für den Körper – ein Vollwert-Kikeriki für die Seele!

7. Juni

Oft schon stellte ich mir die Frage: Wann ist der Mensch als reich zu bezeichnen? Wenn er viel materielle Güter – exklusive Autos, ein Ferienhaus in Spanien, eines im Norden – hat? Wenn er seine Gattin und seine Freundinnen mit köstlichen Edelsteinen und Pelzen behängen kann?

Mein ehemaliger Schulkollege Rudolf hat das alles und noch viel mehr. Erfolgreichster Unternehmer weit und breit. Materielle Probleme – ha!
Rudolf ist somit reich, oder?
Indessen: Gestern habe ich ihn kurz besucht. «Ich bin ein armer Teufel», sagte er zu meiner grenzenlosen Verblüffung in seinem Reich des Geldes. «Da staunst du, nicht wahr?»
Allerdings. Aber da erzählte mir Rudolf vom schweren Blasenleiden, das ihn entscheidend getroffen hat. «Glaub mir», meinte er leise, und es klang überzeugend, «mein ganzes Geld gäbe ich her, könnte ich wie in meinen gesunden Tagen das Wasser lösen».
Mich packte der Schreck: Daran hatte ich überhaupt nie gedacht!
Auch wenn mir meine «diesbezügliche» Undankbarkeit zu schaffen macht, weiss ich es jetzt deutlich: Unendlich reich bin ich, ganz ohne Ferienhaus. Denn ich kann das Wasser noch lösen.

18. Juni

Jetzt habe ich auch Zeit, an Beerdigungen teilzunehmen, die sogenannte letzte Ehre zu erweisen (warum nicht öfter die erste?), über Endgültiges nachzudenken.
Heute wurde ein höherer Abteilungschef beerdigt. Von Telefongesprächen her kannte ich ihn: ein Mann mit erstaunlichem Fachwissen!

«Wie war er eigentlich als Mensch?» fragte an der Beerdigung einer den Beamten, der unter dem Verstorbenen gearbeitet hatte.
«Keine Ahnung, von dieser Seite habe ihn ihn nie erlebt», erwiderte der Gefragte.
Ironie an unpassender Stelle, ein Witz, ein dummer Spruch? Ich konnte es nicht ausmachen. Ging jedoch beunruhigt nach Hause, kam vom erwähnten Spruch in makabrem Rahmen nicht los: Könnte auch über mich dermaleinst so gelästert werden? Verhalte ich mich wirklich so, dass mich meine Nächsten wenigstens einigermassen als Menschen erleben können?
Ich werde mit mir eine dringende Unterredung organisieren müssen!

25. Juni

Ein richtiger Tag zum genussvollen Herumlungern ohne minuziöses Programm. Gelandet bin ich schliesslich im Flughafen Kloten. Nein, nicht als Fluglustiger, sondern bloss als Zuschauer. Immer schon hat mir nämlich das Beobachten mehr gegeben als das Mitmachen.
Und tatsächlich: Schon faszinierend! Dieser hektische Betrieb im riesigen Ameisenhaufen. Das Chaos bloss scheinbar, denn zur grenzenlosen Verwunderung von Outsidern schmeissen die nervlich wohl überdotierten Insider die verrückte Chose so gekonnt, dass am Ende die Rechnung immer aufgeht.

Sie fliegen ein, sie fliegen aus – grad wie in einem Bienenhaus...
Und nicht bloss die silbernen Riesenvögel – auch die Menschen fesseln mich vom Start weg. Mich, den Mann der kleinen Dimensionen, der von der grossen, weiten Welt noch nicht allzuviel gesehen hat. Menschen, sie fliegen entweder «in die Unendlichkeit» unseres braven Planeten. Oder aber sie kehren aus dieser zurück.
Mich interessieren vor allem die Ferientouristen, die, braungebrannt wie Kaffeebohnen, nach wohl himmlischen Ferien heimkehren. Aus dem sonnigen Griechenland. Von den Kanarischen Inseln. Aus der Karibik. Oder gar von Hawaii.
Wie glücklich müssen Menschen sein, solche Weiten zu sehen, bewusst zu erleben! Welche Dankbarkeit und Zufriedenheit mögen solch tolle Weltferien auslösen!
Allein gerade in diesem Zusammenhang kommt jetzt das Merkwürdige:
Je interessierter ich die braungebrannten Feriengesichter «analysiere», desto ungläubiger beginne ich zu staunen: Diese Menschen wirken ja gar nicht zufrieden und glücklich, eher im Gegenteil, abgehetzt, gehässig, leer – ja zum Kuckuck, wie ist denn so etwas möglich?
Sie gehen an der Bank vorbei, auf der ich mich gemütlich parkiert habe. Durch das sausende Treiben, mit der Akustik der grossen Welt garniert, dem Zugsbahnhof oder den Ausgängen zu. Mit Koffern, Reisetaschen, Spezialrucksäcken. Jedoch

ihre Gesichter, Himmel, ihre Gesichter, einfach unglaublich! Das unerklärliche Vakuum in vielen Blicken, Karibik-Heimkehrer, die genau so verdrossen, so verkniffen, so gelangweilt, so unzufrieden aussehen wie Vollbepackte, die offensichtlich erst dem Terminal Richtung Karibik zustreben...
Welch niederschmetternde Demonstration menschlicher Verdrossenheit/Apathie! Dabei: Wenn einer eine Reise tut, so kann er was erzählen, oder? Wohl von schneeweissen Stränden, von leise fächelnden Palmen, von der unbegreiflichen Schönheit unserer herzensguten Mutter Erde...
«Die Bedienung ist in allen Hotels der Erde doch gleich miserabel, da funktionierte doch wirklich eines Nachmittags sogar nicht einmal mehr die Klimaanlage, einfach ein Skandal!» keifte beim Vorübergehen ein geschäftiger Vertreter unserer Überflussgesellschaft seinem Kollegen zu, der betrübt-zustimmend nickte.
Und der Strom der Leergesichtigen, Freudlosen, Gleichgültigen, Erwartungslosen – Scheintoten? – brach nicht ab.
Verzweifelt suchte ich trotz allem immer wieder nach Freude, nach einem gewissen Erfülltsein, ja nach folgerichtiger Dankbarkeit – die Beute war gering. Hie und da ein Lächeln vielleicht, ein mühsames, selbstgefälliges, wenn Abholende echt oder gespielt komplimentierten: «Aber nein, bist du braun!» Sonst aber präsentierten sich die braungebrannten Menschen, die wohl reisen, um gereist zu sein, eher nicht als Bereicherte, geschweige als

Glückliche: Die wundergütige Sonne schien von den Schutzfaktoren der Sonnenöle so gebremst worden zu sein, dass sie tiefere Schichten des Menschen nicht erreichte...
Es war eine ungemein lehrreiche philosophische Lektion dort auf tosender Drehscheibe des Lebens, selbst bloss im Zuschauerraum der grossen Welt. Oder vielleicht gerade deswegen. Vor allem führte sie bei mir zur Erkenntnisfrage: Bewegen sich Zufriedenheit und Glück des Menschen tatsächlich proportional zu den räumlichen Distanzen?

3. Juli

Schenkte ich heute morgen einem vorbeigehenden ABC-Schützen die drei schönsten Erdbeeren meiner herrlichen duftenden Morgenernte. Einfach weil ich so guter Laune war. Weil ich, in Garten und Gemüt so reich beschenkt, einem Mitmenschen eine kleine Freude machen wollte.
Der Erstklässler nahm die herrlichen Früchte denn auch. Wortlos. Schritt weiter, stumm, grusslos.
Vermisst wird: ein kleines, liebes Dankeschön...
Jaja, die heutige Jugend!
Am gleichen Tag räume ich den Estrich auf. Stosse auf meine tolle elektrische Eisenbahn, auf die Metallbaukästen, die seinerzeit meine Bubenzeit so reich machten. Alles bestens erhalten. Zur sinnvollen Weiterverwendung könnte ich diese Spielsachen – unter Brüdern gut und gern ihre 2500 Fran-

ken wert – doch Hans verschenken. Hans, Vater und Lehrer, also gerade doppelter Jugenderzieher, packt meine seinerzeitigen Jugendträume zu Gunsten seiner beiden Buben alsbald auch «lässig» in den Kofferraum seines Autos, murmelt «tschau denn» und gibt Gas. Ein munziges, kostengünstiges Dankeschön steht bis zur Stunde aus. Wahrscheinlich mangels Zeit. Wie wenig Zeit die Leute in der Moderne doch haben!
Jaja, die heutige Jugend!

10. Juli

Als ich heute in einer Dorfbeiz behaglich meinen Neunuhr-Aufsteller geniesse, machen auch die Handwerker gerade Znünipause. Recht aufgeräumt – Handwerk dürfte immer noch einen goldenen Boden haben!
Man scherzt fröhlich, foppt sich gegenseitig, erzählt Witze. Schliesslich Huronengebrüll, denn einer hat den Ausdruck «Wegwerfehe» geprägt. Und nachdem die Runde glucksend die Wortschöpfung gefeiert hat, geht der Spektakel gleich nochmals los: Ein jüngerer Berufsmann steuert augenzwinkernd den Begriff «Wegwerfweiber» bei.
Auf meiner weitern Morgenwanderung versuche ich angestrengt, aber erfolglos, die Ausdrücke «Wegwerfehe» und «Wegwerfweiber» lustig zu finden.

18. Juli

Welche Hitze! Sogar die Zeitung klebt an den Fingern. Merkwürdig: Alle sehnen sich lauthals nach einem heissen Sommer. Denn solches gehört in der allgemeinen Strand-Euphorie zum guten gesellschaftlichen Ton. Merkwürdig Nummer zwei: Kommen die Hitzetage dann tatsächlich mit Wucht, werden sie als gar nicht so lustig empfunden. O wie angenehm wären statt ihrer Temperaturen nicht über 25 Grad!

Zurück zur Zeitung – jetzt schon werfen die grossen Wahlen ihre Schatten voraus: Erstes Angebot an Starpolitikern. Und ein weiteres Mal staunt man. Denn es werden ausschliesslich hervorragende Kandidaten angeboten, ja nur die besten, die allerallerbesten. Alle sind bekanntlich die besten, alle!

Und sie kommen draus. Sowohl die Blauen als auch die Roten als die Schwarzen, selbst die Farblosen verkaufen sich clever als Grüne, grün zumindest in landesüblichem Farbton. Denn man trägt wieder Grün. Vor allem in blumiger Wahlpropaganda...

Und gerade daneben das halbseitige Inserat für den gross in Mode kommenden Ica Tea – hurra, sie haben Grossmutters Sommertee neu entdeckt und wirtschaftlich aufgebrüht!

Grossmutter hielt im Keller stets einen riesigen Krug Lindenblusttee mit etwas Pfefferminze und Zitronensaft bereit – ein köstliches Naturgetränk!

Den neuen Eistee preist man selbstverständlich als Ice Tea an: Ingglischgespoukenes verkauft sich viermal so gut wie Biederhausbackenes, Schweizerdeutsches...

Und den hochgejubelten Ice Tea gibt es nicht in Grossmutters altmodischem Teehafen, sondern in der standesgemässen Alu-Dose. Zu deren Herstellung und Entsorgung steht auf der Erde immerhin Energie in unbeschränkten Mengen zur Verfügung!

Hoffnungslos überzuckert ist er zwar, der moderne, vornehme Ice Tea für In-Seiende – die reinste Kalorien-Sprengbombe! Mit welcher Freude nehme ich als Ewiggestriger deshalb den braunen Familienhafen hervor: So wenig bedeutet mir echter Fortschritt...

Ice Tea in umweltfeindlichen Alu-Dosen – der perfekte ökologische Unsinn? Bitte nicht aufregen, die samt und sonders grünen Politiker – grün aus voller Überzeugung – werden's schon richten.

Oder haben Sie, verehrte Teetrinker nostalgischer Art, je Politiker erlebt, für die Grün blosses Lippenbekenntnis war...?

22. Juli

Allgemeine Ferienzeit und ein Aufsteller-Satz im Brief, den ich heute morgen erhalten habe: «Falls Sie mich in den nächsten Tagen anrufen wollen, bin ich unter Nummer soundso zu erreichen, da ich

ab Samstag die Katze meiner jüngsten Tochter hüten muss und dort schlafen werde, damit das liebe Büsi nachts nicht allein ist.»
Man mag zu Katzen stehen, wie man will. Die einen lieben die Miauer inbrünstig, die andern bezeichnen sie als Mistviecher. Aber darum geht es mir hier gar nicht, sondern: Ist nicht die in diesem Satz dokumentierte Fähigkeit, als immer sachlicher werdender Mensch für ein Geschöpf aus Fleisch und Blut noch fühlen zu können, viel wichtiger? Eine Frau möchte, im Fühlen für die Mitkreatur der Schöpfung, verhindern, dass ein alleingelassenes Büsi nachtsüber von Angst gepeinigt wird.
Ja, ist das nicht wirklich ein wunderschöner menschlicher Zug?
Wer weiss, vielleicht geht solches Fühlen und Mitfühlen eines Tages nicht bloss Richtung alleingelassener Katzen, sondern wieder zu Mitmenschen, zu Einsamen, Kranken, Betagten, Verzweifelten.
Dann meine ich, dürfe man für unsere Gesellschaft wieder hoffen.

25. Juli

Ein weiteres Mal ist Samstag. Und ein weiteres Mal wäscht er sein Auto. Jeden Samstag tut er das, jeden, ausnahmslos. Immer von halb neun bis vier. Auch wenn sein vierrädriges Statussymbol mit keinem Stäubchen, nicht mit dem geringsten Dreckspritzerchen verunziert ist.

Stundenlanges Hätscheln von Blech, pedantisches Glänzen von Chrom, Sterilmachen von Glas, Suchen nach letzten Fusseln. Anfänglich belustigte es mich. Später regte mich sein Tun auf – hängt das Wohl der Menschheit tatsächlich von einer makellos funkelnden Stossstange ab?
Jedoch: Hat nicht jeder Mensch das Recht und die Freiheit, das zu tun, was er tun will oder was er aus einem mysteriösen Zwang heraus tun muss? Seelische Zwänge? Habe ich tatsächlich Anlass zu moralisieren?
Und sonst ist er ja ein angenehmer Nachbar. Geht sogar regelmässig in die Kirche. «Unser Auto, das du bist in der Garage», bete er wohl, lästere ich zwar jeweilen. Jedoch, soll er die Sache mit seinem Götzen nicht nach eigenem Gutdünken, in ganz privater Verantwortung erledigen dürfen?
Mehr und mehr verdichtet sich in mir die Überzeugung, ich müsse mich diesem Mitmenschen gegenüber viel, viel toleranter und menschlicher verhalten, selbst wenn er den Sinn seines Lebens im Vorweisen eines jederzeit auf Hochglanz polierten Stückes Blech sieht.
Ihm und seinen Artgenossen gegenüber wahrscheinlich besonders menschlich!

27. Juli

Seit ich Zeit habe, Zeit zu haben, mir Zeit zu nehmen, ist das Verhältnis zu meinem altehrwürdigen

Regulateur – beste Uhrmacherkunst von vorgestern! – ein intensiveres geworden: Ich entdeckte plötzlich, dass dessen Pendel schwingt, hin und her, her und hin. Gemächlich zwar, aber unaufhaltsam, unbeirrbar.
Und dann wurde mir schlagartig bewusst, dass jeder Ausschlag des messingglänzenden Pendels eine Sekunde Zeit abhäkelt – an der unfassbaren Ewigkeit gemessen, sicher nicht viel, so eine Sekunde. Zu einem durchschnittlichen Menschenleben in Bezug gebracht, aber sicher doch einiges, was sich da jeden Tag an verbrauchten Sekunden addiert!
Sollten wir nicht gerade darum wieder vermehrt das Pendel bereits nostalgischer Wanduhren wahrnehmen?
Vielleicht wären wir weniger erstaunt und verängstigt, wenn wir's zur Kenntnis nehmen müssten: dass für jeden von uns – welcher Gesellschaftsklasse er auch angehöre – eines Tages die noch unverbrauchten Sekunden rar zu werden beginnen...
Das Pendel einer altehrwürdigen Wanduhr als Prophylaxe gegen Überrumpelungs-Atemnot? Zumindest ausprobieren könnte man's!

29. Juli

Merkwürdig, die Sache mit der raren Zeit. Nochmals gibt sie mir zu denken. So abstrakt ist der Begriff. Und trotzdem kommen die noch Denkenden nicht von ihm los. Da dünkt mich jetzt zum Beispiel: Viele Leute von heute wollen so enorm viel tun, dass sie keine Zeit mehr finden, etwas zu tun.

1. August

Geburtstag der Heimat. Bundesfeier. Tag der Selbstbesinnung. Erster August – wenn es klöpft und stinkt? Wenn wir fleischfressenden Pflänzlein zu Ungunsten der Hungernden in der Dritten Welt ein Kilogramm Schweinshals mehr auf den Grill tun als sonst?
Heimat, ja was und wo ist Heimat?
Ich glaube, Heimat sei dort, wo es einem sehr, sehr wohl ist. Wo man so etwas wie Zufriedenheit, Wunschlosigkeit, stilles Glück spürt.
Vielleicht müsste man Heimat deshalb nicht mehr auf Landkarten suchen, sondern ausschliesslich in einem selber.

5. August

Wieder ganz schön heiss! Ich stürze ein Glas kalte Milch hinunter – jeder leiste im Kampf gegen die Milchschwemme seinen Beitrag...
Warum aber konsumiere ich den eigentlich wunderbaren Schaumwein der Kühe so gedankenlos? Das heisst, jetzt lösche ich meinen Durst mit Milch ausnahmsweise bewusster: Ersteht vor mir nicht gerade in diesem Augenblick das plastische Erin-

nerungsbild eines Glases Milch, das ich vor vielen Jahren am Pilatus nicht bloss trank, hinunterstürzte, konsumierte, sondern genoss, zärtlich und vollkommen überwältigt kostete, mit jeder Faser des Körpers, ja regelrecht sogar mit dem, was man als Seele bezeichnet?

Es war kurz nach dem Zweiten Weltkrieg: Schulreise auf den altehrwürdigen Pilatus. Mit dem Bähnlein hinauf – hinunter aber mühsam auf Schusters Rappen. Mühsam vor allem deshalb, weil es ein immens heisser, düppiger Nachmittag war. Die Rucksäcke mit den längst geleerten Flaschen am Rücken, stapften wir bergab, über unbequemes Geröll, durstig, schwitzend, missmutig. Verfluchten «den verdammten Steiss», schimpften hinter seinem Rücken auf den Lehrer, der provozierend fröhlich seine mitgenommenen gedörrten Äpfel, Birnen und Zwetschgen kaute.

Dabei war der Lehrgötti nicht halb so unbarmherzig wie er schien, im Gegenteil: Vor einer behäbigen Sennhütte sammelte er seine durstgequälten Schäfchen, verschwand kurz im rustikalen Alpenbau und beorderte uns, die wilde Horde, dann in den halbdunkeln, angenehm kühlen Raum. Dort fragte uns ein urchiger Senn – der schönste Wilhelm Tell II – lachend, ob wir Durst hätten. Und im übernächsten Augenblick holte er aus dem noch kühleren Felsenkeller eine riesige Gebse mit frischer Bergmilch.

Heissa, lebten wir zu dieser Zeit mit Milch nicht gerade verwöhnten Buben auf, als wir uns «einfach

so» an der uns geradezu als Göttergetränk erscheinenden Alpenmilch gütlich tun durften. All das erst noch ohne dafür die damals üblichen Mahlzeitencoupons abgeben zu müssen. Wilhelm Tell II lachte nur abwehrend, als einer von uns die Nachkriegs-Rationierungskarte zücken wollte.
Ja, es war das reine Wunder. Noch nie, dünkt es mich auch heute, hätte ich einen solch vollendeten, zehntausend Volt starken Hochgenuss empfunden wie damals in der herrlichen Kühle der Sennerei beim ungläubigen Kosten der aufstellenden Pilatus-Tranksame aus Dreideziliter-Mostgläsern. Was die Götter schenken...
Immer wieder habe ich später übrigens versucht, beim Trinken kalter Milch jenen damaligen Eindruck absoluter Tiefe auch nur einigermassen nachzuempfinden, erfolglos – so etwas kann sich wahrscheinlich einfach nicht wiederholen!
Und trotzdem, allein schon die Erinnerung an jenen unwiederbringlichen Trinkgenuss am Pilatus kann bei mir sprühende Blitze zumindest kurzer Glückseligkeit zünden: Ein Wunder ist offenbar selbst in abgeschwächtester Form immer noch ein Wunder!
Eben, und bei dieser verblüffenden Erkenntnis frage ich mich jetzt: Warum eigentlich erinnern wir uns so selten bewusst jener beglückenden Augenblicke, die es gegenteiligen Behauptungen zum Trotz in jedem Menschenleben gibt? Muss die Erinnerung tatsächlich ein höchst mangelhaft genutztes privates Kapital bleiben?

Erinnern wir uns im eigenen Interesse doch öfter. Immer und immer wieder. Denn gerade das Sicherinnern kann der Seele willkommene Zinsen und Zinseszinsen liefern.
Man merke ausserdem: Doppelt lebt, wer auch Vergangenes geniesst (Marcus Martial).

12. August

«Hat jemand ein Bad genommen?» fragt unsere charmante Gastgeberin beim Frühstück.
«Warum, fehlt eines?» kontert ein Gast, offenbar ein Witzbold aus Leidenschaft.
Aber merkwürdig: Ausser der dadurch noch charmanter wirkenden Gastgeberin verzieht niemand den Mund auch nur zum kleinsten Schmunzeln. Nicht lächelnd, sondern ausgesprochen grimmig und gierig schlägt unsere Runde die Zähne in die knusprigen Aufbackgipfeli.
Nach der Fütterung der Raubtiere lässt mir nun die Frage trotz allem keine Ruhe: Bin auch ich geistig schon so hoffnungslos blasiert, dass ich über einen harmlosen, freundlich gemeinten Scherz nicht mehr spontan, frei, befreiend, herzlich lachen kann?

14. August

«Man gewöhnt sich an alles, sogar an das Leben», seufzte der Pessimist.

«Man gewöhnt sich an alles, sogar an den Tod», meinte zuversichtlich der Optimist.

19. August

Nachdem ich dank Zeithaben das Stille, ja Leise neu entdeckt habe, ist offenbar mein Gehör wieder empfindlicher geworden: Der Lärm, den gestresste Mitmenschen schon gar nicht mehr bewusst wahrnehmen – unbewusst, aber doppelt! –, setzt mir im Gegensatz zu früher doch empfindlich zu.
Vor allem an schönen Sonntagmorgen. Um sieben, wenn die Welt noch in Ordnung sein sollte. Ist sie jedoch nicht. Denn zu dieser verhältnismässig frühen Stunde rüsten sich meine Nachbarn weit im Rund zur traditionellen sonntäglichen Flucht (Flucht wovor, vor sich selber?).
Item, dann jeweilen stelle ich es verwundert fest: Die meisten Personenautos landläufiger Ausführung besitzen sechzehn Türen!
Weil das, bei Licht betrachtet, indessen kaum möglich ist, müssen die sechzehn Türen einen andern Grund haben.
Und tatsächlich ist mir der wahre Grund dafür inzwischen aufgedämmert: Viertürige Personenautos bekommen problemlos dann sechzehn Türen, wenn jede der vier Türen zum Einladen von Reisegepäck, Dackeln und Angehörigen viermal zugeschmissen wird...
Ja, so regen am ehemaligen leisen Tag des Herrn

offensichtlich rücksichtslose Mitchristen die berühmte Galle der Leber an. Die Galle jener somit selbst am Sonntag Lärmgestressten, die liebend gern einmal in der Woche behaglich ausschliefen.
Ach, wie bodenlos schlecht ist doch der Mensch! So denke ich in den Lärmkanonaden zugeschmetterter Autotüren, die im erwähnten Vervier- bis Verachtfachen besonders eindrücklich den Sonntag einknallen. Fluch deshalb dem Plural! Bum, bumbum, bumbumbum...
Sind meine sonst recht sympathischen Peiniger schliesslich auf der Piste, beginnt glücklicherweise mein Adrenalin-Strom dünner zu fliessen – ich werde merklich milder gestimmt. Frage mich nämlich, ob dieses effektvolle Schmeissen von Autotüren tatsächlich bodenloser Schlechtigkeit entspringt oder lediglich purer Gedankenlosigkeit. Frage mich sogar weiter, ob ich am Ende nicht selber ein Auto mit sechzehn Türen besass, damals als ich noch nicht merkte, dass man Gewisses merken müsste...
Kreuzigen Sie meine Schmetternachbarn deshalb trotz allem bitte nicht. Denn offenbar wissen auch sie nicht, was sie tun. Wahrscheinlich müsste man mit ihnen einmal darüber reden, sie auf die Spur bringen.
Aber siehe da, inzwischen bin ich wohlig wieder eingeschlafen. Und Sonntag ist schliesslich erst wieder in einer Woche. Und schliesslich Nummer zwei gibt es im Leben garantiert noch Schlimmeres als Personenautos mit sechzehn Türen!

27. August

Welch ein Lebenskünstler: Er macht es wie die Sonne, steht schön langsam auf und ist so um Mittag auf der Höhe.

4. September

«Diese verfluchten Schnecken, das ganze Gemüse fressen sie!» schimpften meine Nachbarn, passionierte Hobbypflanzer und Naturanbeter.
Sie holten Salz und bestreuten energisch die schleimigen Kriecher, auf dass diese ausdörrten und elendiglich zugrundegingen.
Schnecken sind wahrscheinlich schon schädliche Geschöpfe. Eigentlich verstehe ich meine Nachbarn.
Jedoch wenn diese das Pech gehabt hätten: vom Schöpfer nicht als hochwohlgeborene Menschen in die Welt gesetzt zu werden, sondern als schädliche Schnecken, die man unter Salz Qualen leiden lässt...?

7. September

Heute hatte ich gefreuten Besuch. Ein nettes älteres Ehepaar, AHV-Teenager, aber quicklebendig und vital geblieben.
Beim gemütlichen «Käffele» wuchs meine Sympathie zu den muntern Senioren. Wenigstens bis die-

se das Hohelied ihrer bis heute bewahrten Jugend zu singen begannen.
«Würden Sie mich schon siebzig schätzen?» fragte mich die Seniorin, offenbar auf ihren tatsächlich wohlerhaltenen Körper mächtig stolz. «Gut, ein bisschen gefärbt sind meine Haare schon, Ihnen kann ich's ja sagen, und auch Kosmetikerinnen soll man leben lassen, aber wenn man dann wie fünfzig aussieht, es lohnt sich, nicht wahr?»
«Bestimmt», antwortete ich etwas zerstreut. Denn vor meinen Augen fiel plötzlich ein Rolladen herunter. Doch bereits sprudelte die auf Jugend retuschierte ältere Dame weiter: «Und mein Mann, niemand kauft es ihm ab, dass er nächstes Jahr achtzig wird, erst gestern hat ihm eine junge Frau das Kompliment gemacht, herrschaft, wie jugendlich er noch aussehe!»
Ja, und damit war es für mich mit dem Charme des vorher so liebenswert erscheinenden Seniorenpaares Essig: Durchschnittliche Eitelkeit in Ehren – aber gerade ein solch lächerliches Pfauengehabe bis ins vorgerückte Alter, in dem sich Menschen nach dem Verlust gewisser äusserer Werte doch in leiserem Glück über innere, nicht altershalber vergilbbare Werte freuen könnten!
Immerhin: Eine riesige Industrie lebt sehr gut dank der Tatsache, dass viele Menschen nicht altern können – graue Haare, wie sie meine Schläfen zieren, Krähenfüsse, wie sie unterhalb meiner Augen träppeln – um Gotteswillen doch nicht schon mit siebzig!

Und die erwähnte Industrie schläft tatsächlich nicht. Verspricht vielmehr den Leuten, für die so etwas Schreckliches wie Altern tabu oder zumindest der Horror total ist, ewige Jugend. Der reinste Jugendkult, soweit das Auge reicht! Und die Fältlein-Aspiranten ergreifen denn auch den Strohhalm zweitletzter Hoffnung, lassen für gutes Geld Fassaden restaurieren, Balkönlein liften, Dächer umdecken... Denn wenn es um das eigene Aussehen geht, ist für uns, die merkwürdige Spezies Mensch, keine Altersrente zu klein.
Ewige Jugend, sie lebe! Ein dreifaches Hoch den Frischzellen!
Ach warum nur ist es für uns so enorm schwer, die anscheinend arge Sache mit dem Älterwerden in Demut, ja mit einem lebensweisen Lächeln anzunehmen und zu ertragen?
Dabei handelt es sich doch wirklich um etwas Gottgewolltes: Sofort nach der Geburt lässt uns der Schöpfer altern, nimmt er mit jedem Tag soundsoviele der grosszügig spendierten Gehirnzellen zurück, behandelt er uns – wohl der Gerechtigkeit halber – genau gleich wie die übrigen Teile der Natur, etwa wie die Bäume: Im Frühling das Blühen, im Sommer das langsame Reifen, im Herbst die üppige Ernte, im Winter die wohlverdiente Ruhe zur Regenerierung, wenn's gut geht, zu einem neuen, von Beginn an festgelegten Kreislauf...
Wie unbegreiflich schwer aber tun wir uns damit, diesen wunderbaren Kreislauf hinsichtlich unserer eigenen Vergänglichkeit voll anzuerkennen! Wel-

che Furcht haben wir vor dem sichtbaren Älterwerden, obgleich dieses ein absolut natürlicher Teil des Lebens ist! In welchem Selbstbetrug lassen wir uns von den verheissungsvollen Märchen der ewigen (äusseren) Jugend betäuben, dabei meistens die wohl entscheidendere ewige innere Jugend vernachlässigend!
Zu meinen Gästen zurück: Das zwar künstlich zustandegekommene jugendliche Aussehen mag ihnen mehr Selbstsicherheit und Eigenwert vermitteln. Eines Tages aber dürfte es trotzdem schiefgehen: Wenn alle kunstvoll gemixte Tünche der Kosmetikgelehrten nicht mehr ausreicht, das tatsächliche Alter zu kaschieren, wird keine Hoffnung auf angebliche Jungbrunnen die endgültige Angst des Menschen verhindern können! Ja, dann sind meine Gäste weiss Gott nicht zu beneiden ...
Wollen wir es tatsächlich zu dieser schockartigen Angst kommen lassen? Wäre es nicht weiser, uns sukzessive auf ein zuversichtliches Ja zum Altwerden hin zu trainieren? Wer sich Zeit nimmt, die Schöpfung so zu betrachten, wie sie ist, braucht sich vor dem Altwerden doch nicht zu fürchten. Und vor allem muss er dann seine redlich gelebten Jahre weder gecken- noch schamhaft verstecken.
Vielleicht müsste man sich für solches geistiges Konditionstraining vermehrt des Kreises erinnern: Im Kosmos ist gerade er die wichtigste, häufigste und am meisten aussagende Figur. Immer und überall treffen wir doch auf den Kreis. Jeder von uns beschreibt seinerseits von Geburt an diese Fi-

gur, bis sich am Ende und gleichzeitig wieder am Ursprung der erwähnte Kreis schliesst.

Mich dünkt es trostvoll, endlich Zeit zu haben, in aller Ruhe und ohne Angst über das Wunder des Kreises nachdenken zu können. Ich halte nämlich den Kreis für viel wichtiger als sämtliche kosmetischen Lebens- beziehungsweise Altershilfen. Vor allem bin ich davon überzeugt: Das wunderschöne Symbol des so harmonischen, nicht mit Kanten und Ecken verletzenden Kreises vermag zwar keine Hautfalten zu verhindern, sicher aber schmerzende Falten- und Knötchenbildung der Seele.

Letztere kann vielleicht grauer Haare und spröd gewordener Knochen zum Trotz mit zunehmendem Alter immer vollkommener werden.

Wie aber mache ich so etwas meinen lieben, jugendlich aufbereiteten und doch sehr angstgefährdeten Gästen begreiflich?

12. September

Karte von Klaus. Seinerzeitiger Schulkollege. Berichtete mir kurz vom gemeinsamen Schulkollegen Franz. Doch, doch, mit Fleiss und zähem Willen könne man es schon zu etwas bringen, wirtschaftlich jedenfalls: Als Franz sein eigenes Geschäft ins Auge fasste, begann er mit nichts. Dank zielstrebiger Arbeit jedoch kann er schon fünf Jahre danach sechs Millionen Franken Schulden nachweisen.

17. September

In Ascona schlendere ich durch Seitenstrassen. Dorfrand ohne Seesicht. Solches tut man als Tourist allerdings nie! Als solcher halte man sich gefälligst an die offiziellen Touristenwege. Löse man wie die 9999 andern Touristen rührend sowie mit dem Blick des geschäftlich Erfolgreichen vorne am Hotelplatz beim See im Espresso den Zucker auf. Dies mit Seesicht (Aufschlag vermutlich ... Prozent).
Ich aber verirre mich genussvoll in den Hof eines Baugeschäftes. Solche Handwerke hatten und haben bekanntlich noch recht goldenen Boden: In den letzten Jahrzehnten ging konstruktiv einiges vonstatten! Davon zeugen schon die ausrangierten Baumaschinen in der hintersten Ecke nahe der Maggia.
Beispielsweise ein aus dem Verkehr gezogener Betonmischer. Von der Mühsal harter Arbeit schwer mitgenommen. Verbeult, verbogen, verplätzt, rostzerfressen, auf dem Abstellgleis, nicht einmal mehr vollwertiger Schrott. Von keinem Menschen mehr beachtet, da nicht mehr produktiv. Am wenigsten von den Leuten, die er reichmachen half.
Ein rostiger Betonmischer, lediglich tote Materie. Also nichts von Bedeutung. Könnte es jedoch nicht auch in Ehren gerostete Menschen geben?
Ich muss an Hans Joachim Sch. denken: Toller Journalist, erfolgreicher Publizist, jahrelang der Hit seiner Zeitung, dort allererste Garnitur, nach-

weisbar die Auflagezahl in die Höhe treibend. Jetzt aber ist er sechsundsechzig. Die meisten seiner Aufgaben hat ein junger Kollege übernommen. Für Hans Joachim Sch., den Alternden, immerhin ein Lichtblick: Von einer ausländischen Zeitschrift wurde er für sein regionales publizistisches Schaffen nett geehrt.
Die Zeitung, «seine» Zeitung, für die er sich jahrelang voll eingesetzt hatte, fand es nicht für notwendig, diese Ehrung mit fünf Druckzeilen zu erwähnen. Freilich, man kann dies verstehen. Denn wie sollten im enormen Leistungsstress Redaktoren und Manager Zeit finden, einem ausrangierten Mitarbeiter fünf Druckzeilen menschliche Zuwendung zu schenken?
Trotzdem meine etwas bange Frage: Besteht zwischen rostenden Betonmischern und rostenden Menschen am Ende doch nicht ein so grosser Unterschied?

29. September

Herr Bankdirektor Schweighauser, der mich in der Schalterhalle stets freundlich gegrüsst hat: Heute morgen ging er auf der Strasse an mir vorbei, als kenne er mich nicht.
So weit also ist mein sozialer Abstieg bereits vorangeschritten!
Nicht mehr volle Kraft voraus leisten, gleich voll abgeschrieben.

Man hat es sich selber zuzuschreiben.
Also eine erschütternde Bilanz?
Ich weiss nicht so recht: Was ist per Saldo wichtiger, zu gelten oder zu leben?

1. Oktober

Welch ein achtzehnkarätig goldener Herbst! Und wie kann ich es mir jetzt leisten, bei geeignetem Wetter postwendend für ein paar Tage in den Süden zu pilgern – der Traum jedes stressgepeinigten Menschen...
Grandhotel am menschenwimmelnden Strand, der sonnenverbrannten High Society bei deren Pflichtübungen zugeordnet?
Sie sind gut, meine Lieben: Grandhotel, aus den kärglichen Früchten wohl unnützen Büchleinschreibens...
Jedoch: Kann Glück wirklich nur via Grandhotel stattfinden?
Wenn ja, stimmt mit mir seelisch tatsächlich einiges nicht. Denn weit hinten im Onsernonetal, an einem alten Saumweg, hoch über dem Fluss, am Rand eines grossen Kastanienwaldes, weit und breit kein Haus – dort ist mein Grandhotel: der notdürftig ausgebaute Geissenstall eines Rusticos. Der Mietzins selbst für einen vergammelten Schreiberling im Rahmen des Zahlbaren – noch gibt es da und dort Menschenfreunde, Freunde!
Ja, und somit liege ich jetzt am Busen des kleinen

Weinberges, addiere tessinische Cumuluswölklein. Brauche nur die Hand zu heben, um die süssesten Trauben der Erde zu pflücken – war das vielbesungene, längst entschwundene Paradies nicht am Ende ähnlicher Art?
Wahrscheinlich sollte man in Horizontallage unter Weinlaub der Onsernone-Einsamkeit nicht mehr denken. In mir jedoch denkt es einfach, wenigstens noch auf kleinem Feuer: Mich dünkt, ich sei (als Wahlvagabund) mit unbeschreibbar duftenden Trauben vom Stock – also ohne Armagnac-Pastete mit Waldorfsalat, Rindsfiletmedaillon «Romano», Marsalasauce, Kartoffelnest, Broccoli «Nelusko» und Schokoladenparfait mit Rotweinbirne – unsagbar glücklich.
Psychiater zu empfehlen?

8. Oktober

«Hans Lautenschlager AG, Spezialfirma für Aussensanierungen», las ich an der PR-Tafel eines neuen Geschäftshauses.
Aussensanierungen.
Sollte es aber nicht auch Spezialfirmen für Innensanierungen geben?
Ich kann einfach nicht glauben, dass ausschliesslich Häuser der Sanierung bedürfen.

9. Oktober

Jeweilen spät nachts, wenn ich ohne Hast nach Hause gehe, fällt es mir auf. Nicht bloss Städte, sondern auch einst schummrig-heimelige Provinzorte werden zu knalligen Tageslicht-Stadien: Vollkommen übertriebene elektrische Beleuchtung des Planeten Erde, der zumindest nachts doch noch ein paar vereinzelte Geheimnisse ermöglichen müsste! Ob gerade wegen der übertriebenen öffentlichen Beleuchtung – erst noch haarsträubende Energieverschwendung – nur noch wenigen Leuten ein privates Licht aufgeht?

15. Oktober

Im übrigen bin ich weiss Gott nicht der naiven Meinung, zum Funktionieren des faszinierenden Ameisenhaufens Erde bedürfe es seitens der Ameisen der geregelten Arbeit nicht.
Eher als zweifelhaft hingegen erscheint mir die verzweifelte Tendenz Höchstleistender, sich dermassen abzuschinden, dass drei Familienautos und vier Ferienhäuser drinliegen: Welche dieser Arbeitstiere finden noch Zeit, drei Autos und vier Ferienhäuser zu geniessen?
Alles, eben auch die Arbeit, dünkt mich, bei Licht betrachtet, primär eine Frage der richtigen Dosierung zu sein.
Das mit der Dosierung hat übrigens bereits der berühmte Arzt Paracelsus herausgefunden.

23. Oktober

In der Kindheit fällt einem manches auf, das in diesem Lebensabschnitt mangels Übersicht nicht verarbeitet und geklärt werden kann. Wahrscheinlich müsste man im späteren Leben darüber nachdenken. Wer aber findet im gnadenlosen Stress des Alltags Zeit, Kinderflausen abzuarbeiten?
Ich finde dafür Zeit, weil ich mir jetzt für Notwendiges Zeit nehme, wegen gedrosselter Leistung Zeit nehmen kann.
Also: Beispielsweise pflegte Gotte Marie stets «Wenn ich dann noch lebe» anzuhängen, so sie irgendeine Verabredung traf.
Den kleinen Walter ärgerte dies mit der Zeit ganz schön. Denn Gotte Marie könne doch wirklich nur zum vereinbarten Treffen erscheinen, wenn sie noch lebe, sagte er sich. Dieser Gottensatz sei deshalb überflüssig.
Heute sehe ich's in einem etwas milderen Licht: Entgegen der Praxis von uns Neuzeitlichen, Aufgeklärten hielten Gotte Marie und deren Zeitgenossen das Leben eindeutig noch für eine Leihgabe, also nicht für etwas Selbstverständliches, unbeschränkt Dauerndes. Und genau dies mag sie dazu bewogen haben, jederzeit mit einer befohlenen Rückgabe des Geliehenen zu rechnen, dieses beim vereinbarten Treffen unter Umständen infolge Kündigung tatsächlich nicht mehr zu besitzen.
Im berühmten Klartext: Die Generation vor uns kalkulierte das Ende des Lebens wohl ohne allzu

grossen Schrecken von Anfang an ein. Und so beugte sie eigentlich ganz geschickt «unliebsamen Überraschungen» vor.

Wir Modernen hingegen verdrängen knallhart jeglichen Gedanken an ein Aufhören des Lebens solange es geht. Klar, gestorben muss schon sein, aber doch gefälligst nicht von uns! Noch höre ich in diesem Zusammenhang Rudolf kalauern, als in der Zeitung der Name unseres seinerzeitigen Schulkollegen Martin erschien, mit vier schwarzen Druckbalken umrandet. «Das sieht Martin ähnlich, immer schon ein Pechvogel, das kann auch nur ihm passieren!»

Ja tatsächlich, mir, uns kann so etwas nicht passieren, nein, wir haben doch das Recht auf Leben, das Recht auf Gesundheit, das Recht auf Arbeit, das Recht auf (sogenannte) Liebe ohne Risiken, das Recht auf...

Schon, schon, nur: Mit welchem Recht pochen wir eigentlich auf solche Rechte? Sollten wir solche Forderungen, denen wir als Tauschwert überhaupt nicht das geringste Eigenverdienst entgegenstellen können, nicht doch endlich als ungeheure menschliche Anmassung identifizieren? In unseren weitgehend übertriebenen Ansprüchen etwas bescheidener werden? Nicht alles und jedes als gesetzlich garantierte Selbstverständlichkeit betrachten?

Unter solchen Gesichtspunkten erscheint mir das Anhängsel «Wenn ich bis dann das Leben habe», mit dem mich Gotte Marie nervte, auf einmal nicht mehr so dumm und überflüssig zu sein: Die Menschen von gestern – heute eben auch als Gestrige belächelt – schienen begriffen zu haben, dass man nicht mit der grössten Selbstverständlichkeit immer mehr Rechte heischen darf, von den Mitmenschen, vom Bundesrat, vom lieben Gott... Dass man vielmehr das Schöne – etwa das Leben – zwar geniesst, die Leihgabe dank bezwungenem Eigentumsdenken jedoch eines Tages ohne allzu grossen Schock zurückgeben kann.

Heute dünkt es mich, hinter dem erwähnten Nachsatz habe sich eine gewisse menschliche Demut verborgen. Eine gesunde Demut, die längst aus der Mode gekommen ist. Obgleich sie nach wie vor unter anderem Selbstschutz sein könnte: Nur wer bestehende Grenzen rechtzeitig klar erkennen kann, läuft nicht Gefahr, überraschend in unwegsamem Niemandsland vollkommen die Orientierung zu verlieren!

PS an mich: Sollte aus meiner Analyse von Gotte Maries Vorbehalt entgegen meiner Absicht eine moralinsaure Predigt geworden sein, bitte ich mich (den Neuzeitlichaltmodischen) höflich um Entschuldigung.

29. Oktober

Ist Schwarzer Humor tatsächlich oder bloss scheinbar schwarz?

«Man darf's zwar nicht laut sagen», flüsterte der Herr Gerichtspräsident, der mit dem komplizierten

Fall nicht vom Fleck kam, seinem Kollegen hinter der vorgehaltenen Hand zu, «aber beinahe wünschte ich, dieser Doppelmord wäre gar nicht passiert!»

30. Oktober

Als ich noch pausen- und atemlos im Achtstundenrennen mitspurtete, fiel mir auch das mit den Katzen, den Mäusen und den Vögeln nicht auf.
Erst dieser Tage hatte ich Zeit/Möglichkeit/Gelegenheit, selbst ein (scheinbar) unwichtiges Randerlebnis tatsächlich wahrzunehmen, das heisst geistig einigermassen zu verarbeiten: Vorgestern brachte Moritz, der Kater meiner Nachbarin, stolz eine Maus nach Hause. Schleppte das geschundene, blutige Fellbündelchen in die Küche, um die Quittung seiner Tüchtigkeit zu präsentieren.
«Was bist du für eine fleissige Mauserin!» lobte Frau Ehrensperger überschwenglich ihren Kater. Gab ihm als Honorar einen Extralöffel gediegenes Kraftfutter (mit viel Eiweiss). Und Moritz lebte ob seines doppelten Erfolgserlebnisses sowohl physisch als auch psychisch sichtlich auf.
Dieses gab ihm dann eindeutig neuen Schwung. Jedenfalls brachte er gestern stolzen Ganges eine erlegte Amsel in die Küche.
Allein diesmal kam er gar nicht so schön an: «Du elende Saukatze, du, aber doch nicht Vögel!» schrie Frau Ehrensperger ihren bestimmt verblüfften Kater an. Jagte ihn mit einem Besenstrich über

den nur leicht gebuckelten Rücken sowie mit Schimpf und Schande aus dem Haus.
Ich traf Moritz anschliessend auf dem kleinen Treppenboden. Enttäuscht, missmutig, zerzaust und frustriert hockte er dort. «Ich verstehe die Welt nicht mehr», miaute er und traf zur sonst von ihm über Gebühr gepflegten Katzenwäsche keinerlei Anstalten, ja nicht einmal für das Katzenfräulein Dolly vom zweiten Stock, das kokett vorüberstolzierte, hatte er diesmal Augen.
«Nimm's nicht zu schwer», versuchte ich Moritz moralisch ein wenig aufzurüsten, «weisst du, die Menschen sind merkwürdige Lebewesen, die Leben seltsamerweise stets auf Grund persönlicher Rendite bewerten».
Nur kurz dachte Moritz nach. «Ja, aber was können Mäuse denn dafür, dass sie als angeblich schädliche Mäuse und nicht als weniger schädliche, flötende Amseln geboren werden?»
Weil ich in Eile war, konnte ich es ihm nicht erklären. Wahrscheinlich hätte er es auch nicht begriffen. Denn Katzen haben selbstverständlich nicht den vielgelobten hohen Intelligenz-Quotienten des Menschen.

31. Oktober

Ja, was ist denn dieses Jahr nur los: Jetzt haben wir schon den letzten Oktober, und noch fast in keinem Schaufenster habe ich Osterhasen gesehen!

2. November

Guten Morgen, es ist Grippezeit, hatschi!
Man solle sich gegen Grippe impfen lassen, haben sie am Radio gesagt. Dank dem Fortschritt der Medizin kann man sich heute bekanntlich gegen jedes Bobolein impfen lassen (die Krankenkassen der Heimat lassen grüssen).
Also wie erwähnt auch gegen Grippe. Gegen körperliche, wohlverstanden. Was aber tun wir gegen geistige? Rennen wir da ebenfalls nach dem ersten Niesen in panischer Angst zum Doktor? Mit dem Schein der Krankenkasse in der Tasche? Ja Kuchen:
Geistige Grippe vernachlässigen wir ärger denn je. Sie übersehen wir geflissentlich, sie lassen wir überhaupt nicht behandeln. Nicht einmal mit den bewährten Hausmittelchen. Wahrscheinlich nur deshalb nicht, weil hier die Krankenkasse die Impfkosten nicht übernähme.
Ob deshalb in Fällen nichtbehandelter, verschleppter geistiger Grippe so viele Leute bleibende Nachteile davontragen?

4. November

In den fünf Seelenminuten vor dem Aufstehen dünkt es mich: Spassmacher werden nirgends als vollwertige Menschen taxiert. Dabei ist Spassmachen doch ein absolut ehrbares Hand- beziehungsweise Kopfwerk! Denn: Gibt es einen schöneren Lebenssinn, als einen bedrückten Mitmenschen zu einem kleinen Lächeln zu entspannen?

5. November

Frau Mittelholzer hat mir heute, als sie für das Alter einzog, berichtet, Frau Grossenbacher habe ihr gesagt, Frau Klopfmann habe zu Frau Ehrsam gesagt, ich sei der faulste und nichtsnutzigste Mensch unter dem Himmelszelt.
Ich sagte zu Frau Mittelholzer, das könne schon stimmen, aber es sei auch gerade das einzige Negative, das man mir vorwerfen könne.

9. November

Heute behandeln wir das Problem mit den Kerben. Ein extrem stürmischer Herbsttag, mit Windgeschwindigkeiten weit über hundert Kilometer in der Stunde. «Machen Sie eine kleine Sturmreportage!» hat der für Sturm zuständige Redaktor des Tagblattes telefoniert. Und weil ich bis heute ein folgsamer Bub geblieben bin, mache ich.
Auf einer windexponierten Jurahöhe eine vom Sturm ausgerissene Tanne gibt ein eindrückliches Pressebild. Deshalb Autotüre auf – jedoch das Unglück schreitet schnell...
Eine besonders machtvolle Sturmböe direkt von

hinten, reisst mir die Tür aus der Hand, knallt sie mit optimaler Wucht um 180 Grad nach vorne, entwurzelt die Rückholvorrichtung der Autotür – Tand, Tand ist alles Gebilde von Menschenhand!
Das Resultat des perfiden Windstosses: eine hässliche Kerbe im Blech neben der obern Türscharniere!
«Fünf- bis sechshundert Franken», schätzt am Abend mein Garagist den durch das Aufschmettern der Türe angerichteten Blechschaden, «wissen Sie, wir müssen die ganze Tür neu spritzen».
Ich ärgere mich über die Havarie nicht schlecht: Die Türe eine Zehntelssekunde später geöffnet – mein Blech wäre heilgeblieben!
Aber nun habe ich Zeit für einen aufregend entspannenden Kaffee. Zeit, den Fall zu überdenken. Eine Beule im Blech? Bedeutet das tatsächlich den Weltuntergang? Eine Kerbe im geheiligten Blech kann man doch ausbeulen lassen, für gutes Geld zwar, aber immerhin!
Ja, und je seriöser ich über den stürmischen Zwischenfall sinniere, desto klarer formiert sich in mir eine recht unbequeme Frage:
Habe nicht auch ich schon oft Türen auf- und angeschmettert, nicht an Karosserieblech, aber immerhin an Schienbeine von Mitmenschen, schlimmer noch: an Herzen, an Seelen, an ähnlich Verletzliches?
Habe ich nicht schon weitaus schlimmere Beulen geschlagen, als es der mutwillige Novemberwind zu tun pflegt? Beulen und Kerben, die sich im Gegen-

satz zum lächerlichen Schaden an meiner Autotüre kaum je reparieren lassen?

Menschliche bis unmenschliche Schnitzer – Kerbschnitzereien in weichem Material, die kein Karosseriespengler der Welt je wiedergutmachen kann. Eine Reihe von Beulen, nicht in köstlichem Blech, taucht vor mir auf. Jene Beulen, die man im Gegensatz zu Einkerbungen in Blech nie ernst nimmt – warum sehen wir stets nur die wirklich nicht ins Gewicht fallenden Beschädigungen?

Der kaltgewordene Kaffee deutet darauf hin: In mir denkt es merkwürdig intensiv nach. Wahrscheinlich muss ich beim Türenschmettern künftig doch viel, viel vorsichtiger sein!

13. November

Oft wenn ich mir Zeit nehme, in die verdrossenen, unzufriedenen Menschengesichter weit im Rund zu blicken, möchte ich der Menschheit zurufen: Versucht doch um Gotteswillen, ein wenig zufriedener zu sein! Denn auf menschliche Zufriedenheit erhebt der Staat noch keine Luxussteuer.

18. November

Ich und der liebe Gott haben viel Gemeinsames, sagte der Manager in seinen gesunden Tagen.

22. November

Gestern abend habe ich mir wieder eine reelle Chance vermasselt. Mit meinem allzu losen Maul. Wie so oft. Geschieht mir recht!
Wir hatten Besuch, Herr Vischermitvogelvau, Top-Unternehmer, Wirtschaftskapitän, Koordinator/Organisator von Gottesgnaden, ein grosses Tier, und trotzdem irgendwie noch menschliche Züge. Jedenfalls hütete er kürzlich das Spitalbett, zweiter Herzinfarkt – müssten Roboter wegen Herzinfarkten Spitalbetten hüten? Eben!
Item, «aus Langeweile habe ich von Ihnen ein paar Geschichtlein gelesen, eigentlich noch passabel, könnte vielleicht mit den Büchlein Kundengeschenklein machen, recht erdverbunden, Ihr Geschreibsel, nostalgisch, und Nostalgisches ist doch heute der grosse Renner», hatte er am Telefon gesagt. Herr Vischer handelt nicht umsonst auch mit Erde, mit kostbarer Heimaterde, der Quadratmeter an guter Geschäftslage bis zwanzigtausend (auch an Ausländer mit gültigem Ausweis 27c VI).
Wir gaben geschwellte Kartoffeln (modern Pellkartoffeln), zwei Sorten Käse, Quarkmüesli, Salat und Sauergrauech. Freundin Dithli hatte zwar bedenklich die Lippen geschürzt: «Geschwellte, für ein solch grosses Tier, du spinnst wohl!»
Dabei wurden die altehrwürdigen Erdäpfel in der Schale zum Grosserfolg des Abends. «Dass es so etwas Wundervolles noch gibt!» schwelgte Herr Vischer, nachdem ihn sein Taschencomputer aku-

stisch an die Einnahme der Betablocker erinnert hatte. «Wissen Sie, ich bin auch auf dem Land aufgewachsen, Arztsohn zwar, aber mit den benachbarten Bauernbuben habe ich jeweilen im Herbst an lustigen Feuern frische Kartoffeln gebraten, welch ein Paradies war das, längst entschwunden, so ist das halt!»

Fast wehmütig schälte der Wirtschaftsgott eine neue Kartoffel, so behutsam, als hielte er ein Wunder in den Händen. Schimpfte nach einem genussvollen Schluck Sauergrauech über den gottlosen Alltagsstress. Über die geschäftlichen Verpflichtungen: von einem grosskotzigen Bankett zum andern! Herr Vischermitvogelvau wurde in seinem Ausdruck wahrhaftig fast so rustikal-kraftvoll wie die im Körbchen dampfenden Erdäpfel.

«Aber eben, man muss am Ball bleiben», meinte er dann resigniert, «um so mehr als Boden an guter Geschäftslage immer rarer wird».

Ja eben, und dann bekam ich ein weiteres Mal meine niederträchtige Wallung. «Muss man wirklich?» fragte ich nämlich, scheinbar beiläufig, «wo wir alle uns eines Tages doch mit zwei Quadratmetern Bodens begnügen müssen, diese erst noch bloss gepachtet, auf zwanzig Jahre?»

Freundin Dithli zuckte zusammen – sie kennt meine perfiden beiläufigen Linken zur Unzeit. Und bei Herrn Vischer schien die neueste Ausgabe tatsächlich richtig gelandet zu sein: Mich dünkte, sein Blick sei schlagartig etwas glasig geworden, obgleich Sauergrauech gar nicht so viel Alkohol enthält. Auch verabschiedete sich unser Gast kurz nachher betont reserviert. Und aus den Kundengeschenklein wurde merkwürdigerweise nichts.

26. November

Der heutige Tagebuch-Eintrag fällt wegen eines gewaltigen Herbststurms aus: Statt köstliches weisses Papier durch unachtsames Beschriften wertlos zu machen, während vier Stunden im orkangeschüttelten Wald «live» die faszinierende Kraft der Schöpfung auf mich einwirken gelassen. Im grandiosen Orgelkonzert der Natur meine eigene Relativitätstheorie entwickelt: Vor allem klein und bescheiden geworden.

30. November

Morgentelefon: «Diesmal schenke ich dir nichts, denn du hast ja gratis ein ganzes weiteres Jahr geschenkt erhalten, hihi».
Deshalb Blick zum Kalender. Und jetzt erst fällt es mir auf: Als ich noch zwischen hektisch schrillenden Telefonen und kreischenden Schreibautomaten morgens im Büro des Standesbewussten das Kalenderzettelchen abriss, warf ich es (angeblich mangels Zeit) stets ungelesen in den Papierkorb.
Dabei findet man auf diesen Papierchen oft echte Lebensweisheit. Heute den Tip eines gewissen

Jean de la Bruyère: «Wahrheiten, die man ungern hört, hat man ganz besonders nötig.»
Ich schalte meinen Kopf ein: Also keineswegs nur in vino veritas!

1. Dezember

Immer diese menschliche Ungeduld! Da liegt mir Freundin Dithli dauernd in den Ohren: Vor fünfeinhalb Jahren ist mein Fernseher kaputtgegangen, wahrscheinlich die Bildröhre. Und ich bin noch nicht dazu gekommen, zwecks Reparatur des Geräts die Servicestelle anzurufen.
Ja, wozu eigentlich haben wir die Sonne, den Mond, die Sterne, das Leben als konzessionsfreie Alternativprogramme?

3. Dezember

Gestern war ich an einem Vortrag. Ziemlich wissenschaftlich. Jetzt habe ich Zeit, die Ausführungen des Referenten zu überdenken. Denn erst um zehn Uhr muss ich zu einer Pressekonferenz.
Ich lasse also den Vortrag vor dem vielzitierten geistigen Auge nochmals ablaufen. Jedoch, was ist das bloss? Auf einmal werde ich stutzig: Hat der Vortragsredner nicht mindestens in jedem zwanzigsten Satz gesagt «Es ist so, meine verehrten Damen und Herren»?

Je mehr ich jetzt an diesem Satz herumkaue, desto unglaubwürdiger wird für mich der sogenannte Fachreferent – denn: Dürfen wir armseligen Menschlein tatsächlich in einer Überheblichkeit und Arroganz sondergleichen behaupten «Es ist so»? Läge nicht allerhöchstens ein «Es könnte so sein» drin?

Meine verehrten Damen und Herren, in dieser lauteren Morgenstunde bin ich mehr denn je davon überzeugt: Aller sogenannten Erfolge zum Trotz kann menschliches Denken nie in Gewissheit, sondern immer nur in Vermutung münden!

Dank unserer angeblichen Superintelligenz (nicht mit Weisheit zu verwechseln!) behaupten wir Neunmalklugen sogar grössenwahnsinnig, zu wissen, was Leben sei. Ach, wir Törichten – nie werden wir gültig wissen, was Leben ist, nie wird es die ersehnte absolute Wahrheit geben, immer werden wir nur vermuten können, was Leben sein könnte. Könnte! Also ein Tätigkeitswort, hier ausschliesslich in der Möglichkeitsform anzuwenden. Man wird höflich gebeten, sich das zu merken.

Das Leben als Sammelbegriff somit: Ein ewiges Geheimnis.

Und das ist gut so, ist sogar tröstlich. Denn bereits allzusehr haben wir unkompetenten Rätsellöser uns in Gottes Privatangelegenheiten gemischt.

Wollen wir das lebensnotwendige Staunen vor dem Wunder Schöpfung mit unserem oft verhängnisvoll angewandten Intellekt tatsächlich noch ganz verlernen?

7. Dezember

Hurra, noch einmal gutgegangen! Zwar hat mir der gütige Mann mit dem weissen Bart und dem roten Mantel eine solide Rute zurückgelassen. Aber wenigstens muss ich meine Tagebucheinträge vorerst nicht tief im Schwarzwald machen (ich habe nach dem Aufsagen meines Versleins Besserung gelobt).

9. Dezember

Treiben Sie Sport, oder bleiben Sie gesund? Diese Scherzfrage hört man immer häufiger von aufmerksam gewordenen Leuten, die den als Gesundheitssport bezeichneten Fitness-Rummel zu hinterfragen beginnen.
Allzuviel nicht auch hier ungesund?
Manchmal stelle ich mir diese Frage. Denn auf meinen Frühspaziergängen treffe ich sie, die modernen Jogger, auch jetzt in der kälteren Jahreszeit. Denn Jogging ist «in». Dies weiss unter anderen längst die clevere Ausrüstungs-Industrie, die an menschlicher Fitness munter verdient: Nur wer die von der Mode vorgeschriebenen Kleider trägt, ist in der Lage, sich fit zu joggen! Früher genügte dafür eine unscheinbare Turnhose.
Joggende Fitnessler aber wirken trotz Modeschau auf mich faszinierend. Denn schon lange vor dem Naturereignis riecht man sie: Besonders bei Ge-

genwind verrät eine gesunde Schweissfahne ihr Erscheinen von weitem. Etwas später hört man sie: So keuchten früher die guten alten Dampflokomotiven! Und erst drittens sieht man die Gesundheits-Aspiranten – diese freilich nicht unbedingt ein beglückender Anblick: Nirgends sonst lese ich aus Gesichtern so viel menschliches Leiden, so viele unausgesprochene Götz-Zitate, solch herzzerreissende Zeugnisse brutalster Selbstkasteiung ...
Barmherziger Gott, welche Selbstzerstörung riskiert der strebsame Mensch, um gemäss den Richtlinien der Modediktatoren höchste körperliche Fitness vorweisen zu können!
Auch viele Ärzte behaupten zwar, solcher Autosadismus sei gesund. Unfälle, selbst tödliche, die auf Fitnessbahnen persönlichen Martyriums wegen Überforderung immer wieder passieren, werden eher verharmlost, mit ungenügendem Training begründet. Und harsch knacken die auf Höchstleistungen getrimmten Gelenke weiter...
Jedoch: Könnten sich nicht auch (sogenannte) Gesundheits-Fachleute irren? Haben die Wundärzte nicht noch vor zwanzig Jahren donnernd kommandiert, bei Verbrennungen um Gotteswillen nie mit kaltem Wasser kühlen? Könnte in zwanzig Jahren die Medizin nicht auf einmal herausfinden, der heute bis ad absurdum verherrlichte Gesundheitssport sei für das Herz, für die Gelenke, für die Psyche und für die andern Bestandteile des (sogenannten) homo sapiens eben doch nicht so enorm gesund, wie man damals angenommen habe?

Eine Redensart behauptet es: Errare humanum est...
Aber von organischen Schäden, die im Bereich des Möglichen liegen, ganz abgesehen: Kann der gross Mode gewordene, wohl weit übertriebene Körperkult, der auf Fitness-Anlagen oder in sogenannten Folterkammern, von allem anderen losgelöst, betrieben wird, tatsächlich je echte Fitness bringen? Müssten gemäss dem Motto «Mens sana in corpore sano!» nicht gleichzeitig mit dem selben Engagement Geist und Seele trainiert werden? Sollten Fitness-Manager nicht doch allmählich einsehen, dass der Mensch nicht einfach eine Anhäufung von Muskeln, sondern eine wunderbare, untrennbare Einheit aus Körper und Seele ist?
Aber eben: «Sport» heisst jene wundersame heilige Kuh, die bei richtiger Behandlung den Vollrahm des Profits liefert...
Trotzdem: Meine Wenigkeit macht diese Bodybuildings-, Bräunungs- und Fitness-Hysterie nicht mit. Als hoffnungslos Antiquierter werde ich auch künftig morgens um halb sieben bloss wandernd auf die Piste gehen, um mich beim Sauerstofftanken voll an der unbegreiflich schönen Schöpfung zu freuen. Nie will ich den Wald als qualvollen Hindernis-Parcours mit 23 «zu machenden» Fitness-Posten sehen, sondern stets als grüne Chance für körperliche und seelische Restaurierung.
Denn was schon ist ein hochgejubelter athletischer Körper ohne Inhalt? Eine – merkwürdigerweise – staatlich geschützte Attrappe von Volksgesundheit!

9. Dezember (abends)

«Wer morgens nüchtern dreimal schmunzelt,
Wenn's regnet, nicht die Stirne runzelt
Und abends singt, dass alles schallt,
Wird hundertzwanzig Jahre alt!»
Von morgen an werde ich bestrebt sein, zwar nicht hundertzwanzig, aber immerhin etwa neunzig Jahre alt zu werden.

11. Dezember

Nun blenden sie wieder zu Tausenden, die (elektrischen) Weihnachtskerzen. Weil Lichterglanz (kauf) froh macht.
Ich mag Kerzen zwar ebenfalls. Aber nur in der Einzahl. Sonst sieht man vor lauter Kerzen den Advent nicht mehr.
Gerade jetzt ergötze ich mich kindlich am Glanz eines geschenkten, selbergezogenen Lichtspenders aus Wachs. Gut, die Leistungsgesellschaft wird solchen Müssiggang nicht tolerieren. Denn gerade kurz vor Jahresschluss hat man doppelt verbissen zu leisten, auf dass Ende Jahr die Kasse stimme.
Man entschuldige bitte, dass ich auf die Gesellschaft pfeife, und dass ich im Kerzenschimmer eins vor mich hindenke: Ist nicht jeder Mensch so frei, selber entscheiden zu dürfen, ob er wenigstens zwischen dem Leisten ein wenig leben wolle oder nicht?

12. Dezember

Der fatale Börsenkrach! Ein Bekannter hat sich während eines ganzen Lebens für das Alter hunderttausend Franken vom Mund abgespart. Jetzt hat er zwar nur noch fünfzigtausend. Doch zum Ausgleich ärgert er sich beim Lesen des Dollarkurses täglich grün und blau. Die verbliebenen fünfzigtausend indessen werden für die Behandlung des programmierten Magengeschwürs wohl ausreichen.
Mein Alter ist weit weniger gesichert: Weder Pensionsrente noch amerikanische Dollars. Ich habe mir nämlich meine einbezahlten Pensionsprämien zurückbezahlen lassen und davon 1001 Kurpackungen Zufriedenheit und Musse gekauft.
Mich dünkt, bei der herrschenden unsichern Börsenlage sei solches immer noch die sicherste Kapitalanlage.

14. Dezember

«Das Publikum beklatscht ein Feuerwerk, aber keinen Sonnenaufgang», sagte Friedrich Hebbel.
Tatsächlich habe auch ich das Gefühl, die Natur als wundervollste Schauspielerin aller Zeiten bekomme von uns Menschen beschämend wenig Applaus.

16. Dezember

«Wenn nicht schon zuviel verpfuscht wäre, könnte ich dem lieben Gott in Sachen Gravitation schon ein paar nützliche Tips geben», murmelte der angehende Astronom an seinem Fernrohr.

18. Dezember

Eine Hausfrau vom Nachbarquartier putzt jede zweite Woche sämtliche Fenster ihres Hauses. «Aber sie sind ja gar nie dreckig», erlaubte ich mir im Vorbeigehen festzustellen. «Das schon nicht, aber so geht wenigstens der Tag herum», erwiderte die Putzerin erstaunlich offen. Nachdem ihre Kinder ausgeflogen seien, fülle sie der kleine Zweipersonen-Haushalt eben nicht mehr aus.
Beim Weitergehen tauchte in mir auf einmal das tägliche Bild von Eingangshallen in Altersheimen auf: Immer, wenn sich dort die automatische Türe öffnet, heben die müde dahindösenden Betagten den Kopf, erwartungsvoll, plötzlich von einem Impuls Leben gestrafft: Kommt mich doch einmal jemand besuchen? fragt vor der neuen Enttäuschung manches faltig gewordene Gesicht mit sekundenlang hoffnungsvollen Augen...
«Wir haben Pensionäre, die das ganze Jahr kein einziges Mal Besuch erhalten», erklärte mit nicht zu überhörender Bitterkeit kürzlich ein Heimleiter.

Eigentlich wundert mich das gar nicht: Wer in unserer Leistungsgesellschaft eines Tages altershalber nicht mehr leisten kann, wird postwendend abgeschoben, auf das für solche Fälle vorgesehene Abstellgleis, oft sogar von seinen nächsten Angehörigen auf null abgeschrieben, zu Alibizwecken vielleicht noch dann und wann mit einem mühsamen Pflichtbesuch «beehrt», sonst aber bereits als nicht mehr existent erklärt, da niemandem mehr messbar nützlich...

Ob wegen der grassierenden Volksseuche Lieblosigkeit die Aufenthaltsräume von Betagtenheimen meistens als Wartesäle des Todes wirken?

Und jetzt fällt mir wieder die Frau ein, die stumpfsinnig sowie absolut überflüssig lebloses Glas poliert, nur damit der Tag herumgehe. Könnte ihr Tag wirklich nicht sinnvoller herumgehen? Etwa wenn sie ihre streichelnde Zuwendung statt einer starren Fensterscheibe einem noch nicht ganz erstarrten, nach etwas Liebe hungernden Mitmenschen schenkte? Zum Beispiel einem redlich gealterten, ehemaligen Leistenden, für den im Betagten-Getto der weiche Händedruck eines sogar fremden Besuchers vor dem seelischen Verdursten das rettende Glas Wasser sein könnte?

Gerade in der Überfülle künstlichen Weihnachtslichtes überall stimmt es mich unweihnächtlich traurig, dass wir Menschen uns nicht öfter als lichtbringende Kerzen versuchen.

Warum wohl können wir trotz gegenseitiger Sehnsucht zusammen nicht kommen?

19. Dezember

Es gäbe statt besserer Menschen lieber mehr gute, pflegte bei uns eines der letzten Dorforiginale zu sagen.

19. Dezember (nachmittags)

Kein vernünftiger Mensch mehr backe die Weihnachtsgutzi selber. «Sagt, seid ihr von vorgestern?» fragte konsterniert Freundin Dithlis Freundin, die sich mit unverminderter Geschwindigkeit weihnächtlich en passant im Einkaufscenter eindeckt.
«Wir sind es gern», erwiderten wir froh. Denn Leute von vorgestern gelten in Fachkreisen als glückliche Kinder, die entgegen der modernen Spielregeln noch von einem vielbelächelten, aber ewigen Geheimnis innere Saiten anschlagen lassen dürfen. Die sich aus solchen Gründen Weihnachten nie von «Weihnachtsgutzi-Aktion drei Säcke für zwei» entzaubern lassen wollen.
Deshalb saubere Küchenschürze, tief durchatmen, Programmtaste Freude drücken, Mailänderliteig auswallen – ein Stücklein auferstandenes Kinderparadies! Mit vielen, vielen Versucherli. Mit solch intensivem Teigtesten, dass mir nach liebenswertem Volksbrauch alsbald ein bisschen schlecht wird.
«Wie lässt sich das mit deinen Grundsätzen über gesunde Ernährung vereinbaren?» fragt Dithli

mehlbestäubt sowie maliziös, «wo Zucker doch sooo gesund ist!»
«Schon», gebe ich, etwas käsig geworden, zu, «aber hie und da braucht zu einem erfüllten Leben jeder Mensch eine liebe kleine Sünde» (Man vergleiche die Ausnahme, welche die Regel bestätigt).

21. Dezember

Heute war mein früherer Schulkollege Hanspi zu Besuch. Im Gegensatz zu mir hat er es im Leben zu etwas gebracht – sein Geschäft floriert! Allerdings wusste Hanspi schon in seiner Jugend, was er wollte. «Ich möchte vom Kuchen gefälligst wie alle anderen einen Viertel, nicht bloss einen armseligen Drittel!» hatte er damals an seiner Geburtstagsfeier das Mami angefahren. Gute Rechner bringen es im Leben somit eindeutig weiter als ärmliche Buchstabenordner.
Hanspi spendierte mir als lieber Mensch eine Festpackung getrockneter Feigen. Mit solchen habe ich immer ein wenig Mitleid: In der Schachtel wirken sie so zusammengepfercht, unfrei und sorgenvoll verrunzelt!
Ich leistete mir eine der konservierten Feigen. Und schlagartig verwandelte sich diese in Dutzende frischer, saftiger Feigen, wie ich sie vor wenigen Wochen in einem Tessiner Seitental abgelesen hatte. Man muss die herrlichen Früchte – ihre Blätter waren schon im Urparadies berühmt – vierteilen (also

nicht bloss in kleine Drittel schneiden) und mit etwas Zucker wie Äpfel kochen. Dazu Vollwerthörnli servieren – ein Mahl für Könige!
Ja, und an diesem dunklen, nasskalten Dezembertag sind nicht bloss sie wieder da, die duftenden frischen Feigen, nein: Das Haus meiner Nachbarn wird zum sonnendurchwärmten Rustico, an dem zu Dutzenden die flinken Eidechsen herumklettern (die normalerweise zum Paradies gehörende Schlange erspart mir mein Erinnerungsvermögen). Leise rauschen dazu die Kastanienwälder, ihre Melodie und weit im Rund ist nichts als überwältigende, unbegreifliche, fast schmerzlichschöne Schöpfung.
Welch wunderbarer Diaprojektor ist der menschliche Kopf!

22. Dezember

Wenn ich mich gerade in der Weihnachtszeit, also zu den offiziellen Terminen der Menschenliebe, so ein wenig im Weltgeschehen umschaue, muss ich mich doch fragen: Warum sind nicht in jedem Land für führende Politiker moralische Leitplanken obligatorisch?

23. Dezember

Welch grauenvolle Angst vor dem Hungertod!
Musste ich heute noch drei, vier Sachen haben, ein

Bälleli Anken (wie man der vornehmen Butter früher sagte), etwas Salat und Gemüse. Jedoch: Welch ein Chaos im tosenden Verkaufsladen!
Die totale Torschlusspanik: Leute (längst nicht mehr als Menschen taxierbar), in deren Augen nackte Angst steht. Angst vor dem Verhungern, weil die Läden am Stephanstag geschlossen bleiben. Fieberhaftes Zusammenraffen der Waren von Regalen, die in der brüllenden Konsumhysterie grösstenteils bereits leergefegt sind – Heuschrekken-Invasion über Einkaufscenter? Rette sich, wer kann!
Eigentlich zwar begreiflich, die verzweifelte Hetzjagd nach Essen, nach Trinken, wenn zwei lange Tage keine Einkaufsmöglichkeit besteht – was werden wir essen, was werden wir trinken, womit werden wir uns kleiden? Bibeltips in Ehren – aber Vorsorge ist besser!
Und in der schrecklichen menschlichen Not begreiflicherweise das Recht des Stärkeren: Einem besonders wild rotierenden Konsumenten steht mein Einkaufswagen im Weg, hochzorniger Fusstritt, das Wägelchen saust davon, führerlos, in eine hohe Pyramide aus Luxuskaffee-Büchsen, weihnachtsverpackt, schrilles Scheppern, gehässige bis vernichtende Blicke, eine Untersuchung wird eingeleitet...
Ja, sind wir in dieser schweren Stunde vor dem offenbar bevorstehenden Untergang der Menschheit noch Brüder, Schwestern? O welch kindliche Unschuld, erbitterte Konkurrenten sind wir, sogar

Feinde, die sich hart ringend die letzte Flasche Likör streitig machen!
Wahrhaftig, gross ist der Hass auf die Konkurrenz, die in den Drahtwagen atemlos die letzten mit Ellbogengewalt zusammengerafften Rollschinkli, Salamis, Pralinéschachteln zu Bergen beigt. Ach, wild tobt die Konsumschlacht um Sein oder Nichtsein. Und aus den Animierlautsprechern rieselt harmonisch der Schnee, tönt lieblich das wunderschöne Lied von einer gewissen stillen Nacht. Melodisch klingeln dazu die Registrierkassen. Denn die nach tierischem Eiweiss rasenden (einstigen) Ebenbilder Gottes sind entschlossen, mit unbegrenztem Körpereinsatz wenn nötig bis zum letzten Atemzug zu kämpfen: Ist der Hunger der Welt nicht sonst schon unweihnächtlich grausam?
«Stille Nacht, heilige Nacht» – was nur haben wir Christen aus dir gemacht?

25. Dezember

Weihnachten – könnte ich Weihnachten einmal noch als Kind erleben!

28. Dezember

Nein, heute sind die braven Männer der Kehrichtabfuhr wahrhaftig nicht zu beneiden: Wo (Ghüder) Berge sich erheben! Der (fast) grenzenlose Wohlstand zeigt sein Volumen...

Verschämt trage ich mein unscheinbares Kehrichtsäcklein zum Riesengebirge an der Kreuzung. Denn eine Nachbarin schleppt keuchend zwei riesenhafte Plastiksäcke herbei. Blickt hämisch auf meinen sparsamen Abfall: Aha, lese ich aus ihrem standesbewusst feisten Gesicht, hat über Weihnachten wohl nur zu Schmalspurkost gereicht? Aber das hat man eben davon, wenn man nicht wie anständige Leute einer geregelten Arbeit nachgehen will, ist doch auch wahr!
Mit einem überfreundlichen Gruss versucht sie aber jetzt ihre wohl zu offen dargereichte Meinung abzuschwächen. Setzt mit einem «Was macht das Wetter?» ihre soliden neunzig Kilogramm ächzend wieder in Bewegung: Ein heimeliges Bild fortgeschrittener Zivilisation mit Folgen!
Warum wohl so viele Leute ausschliesslich ihrem Körper eine Freude gönnen? Warum in einem der reichsten Länder bloss leibliches, kassenberechtigtes Übergewicht zum guten Ton gehört? Warum es kaum geistige oder seelische Korpulenz gibt?
Während ich gemächlich über das Gentleman-Delikt Übergewicht nachdenke, komme ich mehr und mehr zur Überzeugung: Nachdem wir Aufgeklärten mit Vollwertkost Sünden falscher Ernährung für den Magen ausreichend gutmachen können, gälte es dringend die gähnende Marktlücke «Vollwertkost für die Seele» zu füllen!
Jedoch wer schon denkt daran, dass für umfassende menschliche Gesundheit auch die gewichtslosen Werte einen gewissen Umfang haben müssten...?

31. Dezember

Die Glocken läuten das Jahr aus: Per Saldo bestimmt ein gutes Jahr! Dürfte man nicht auch einem Jahr, das redlich seine Pflicht getan hat, beim Abschied ein freundliches Dankeschön spendieren? Auch wenn es in der Computersprache für Dankbarkeit kein Zeichen gibt?

1. Januar

Mein Hauptvorsatz für das neue Jahr: Ich will vermehrt in die Nähe reisen, um Weite zu finden.

3. Januar

Zum Mittagessen Resten des klassischen Neujahrmenüs Bohnen mit Geräuktem. Dabei fällt mir ein: «Darf ich meine Küchlein in Ihrem Fett backen?» soll bei uns im Dorf eine fürsorgliche Hausfrau ihre Nachbarin gefragt haben, «Sie könnten dafür Ihren Speck auf meinen Bohnen kochen».

4. Januar

Eigentlich merkwürdig, oder etwa nicht? Leuten mit ehrfurchtheischendem Titel vor dem Namen kauft man respektvoll und gläubig alles und jedes ab. Wenn jedoch ich wahrheitsgetreu melde «Gestern war es dermassen kalt, dass sogar meine Unterhosen erfroren», hat man für mich höchstens ein mitleidiges Lächeln übrig.

7. Januar

Heute bin ich ziemlich erschrocken: Die Bank hat mir den Auszug über mein Konto zugeschickt. Und die darin vorkommenden Zahlen unterscheiden sich schon wesentlich von jenen in Vorjahren...
Jedoch: Gibt es ausser diesen beruhigenden Sparkonti nicht andere, über die in der Regel keine Auszüge erstellt werden?

9. Januar

Sollte man nicht auch beim Fehlermachen vermehrt delegieren?

10. Januar

Heute berichtete ein Kollege der elektronischen Medien im Lokalradio über die Pressekonferenz einer Umweltschutz-Organisation. Unbedingt müsse man unsern allzu hohen Lebensstandard auf ein vernünftiges Mass zurückschrauben, der Konsumhysterie kalte Wickel auflegen und weltweit mit Produzieren zurückhalten, weil Energie und Ressourcen nicht weiterhin dermassen sträflich verschleudert werden dürften.

Soweit so gut. Nur: Zwei Stunden später lobpries der selbe Moderator enthusiastisch, ja mit sich überschlagender Stimme, das Wirken eines Industriekonzerns: Im vergangenen Jahr 26,4 Prozent mehr Umsatz als im Vorjahr!
Ich war ebenfalls an jener Bilanz-Pressekonferenz gewesen. Statt der üblichen heissen Käsküchlein mit Bier hatte es Lachsbrötchen und Sekt gegeben – heja, 26,4 Prozent Produktionszuwachs darf man schon standesgemäss feiern, oder?
In dieser Stunde aber beginne ich leise zu ahnen, was Goethe mit den beiden Seelen, ach, in unserer Brust meinte.

11. Januar

Das Fernsehen mache Ehen kaputt, behaupten Fachleute. Kann es jedoch nicht auch Ehen retten? Nämlich: Ehepartner, die sich längst nichts mehr zu sagen haben, dürfen vor der Flimmerkiste doch ganze Abende legal miteinander schweigen.

12. Januar

Nie werde ich vergessen, mit welcher Ehrfurcht und Zärtlichkeit meine Mutter ihre erste Waschmaschine behandelte, nachdem sie sich jahrelang in der dampferfüllten Waschküche mit viel Muskelkraft an Brettstuhl und Waschbrett hatte abplakken müssen.

Doch, doch, wir Hausfrauen/männer der Neuzeit haben es unsagbar bequem: Viele technische Heinzelmännchen machen uns das Haushalten beinahe zum Kinderspiel.

Das sei ja nur leblose Technik, behaupten zwar viele Leute, die Alltagskomfort für etwas Selbstverständliches halten und die ihn deshalb entsprechend geringschätzig behandeln.

Beim morgendlichen Nachdenken fragt es indessen aus mir: Gibt es auf der Erde überhaupt etwas Lebloses? Besteht nicht selbst sogenannte tote Materie stets aus Schwingungen, also aus Leben?

Item, das, was ich anschliessend verstohlen tat, muss ich streng für mich behalten: Ich ging in den Keller, streichelte über die automatische Heizung und sagte zu ihr: «Dankeschön für deine stetigen guten Dienste!»

Und gleich verfuhr ich mit dem Kühlschrank, dem Telefon, dem elektrischen Kochherd, dem Boiler, der Schreibtischlampe, der Dusche und der Waschmaschine.

Womit ich wieder bei der Waschmaschine wäre (siehe oben).

14. Januar

Mehr und mehr bekomme ich das Gefühl: Man sollte rechtzeitig lernen, sich entbehrlich zu machen. Wenn man eines Tages dann tatsächlich entbehrlich wird, ist der Schock nicht so gross.

15. Januar

«Ihr gutgetarnten Millionäre mit eurem Fünfliberblick, in euren Luxuswohnungen mit Direktsicht auf den Wohlstand», foppte mich gutmütig-knorrig Fritz Zgraggen, Bergbauer in einem Oberländer Krachen am Ende der Welt. Seine komfortlose Ferienwohnung, mit der seine Familie ein wenig das karge Einkommen aufpoliert, schenkt mir hin und wieder etwas Abstand und Ruhe.
Ein wenig recht hat Fritz Zgraggen bestimmt. Denn in den industriereichen «Goldgruben» des Landes leben wir mit dem dreizehnten oder vierzehnten Monatslohn sowie mit der fetten Gratifikation schon lukrativer als Bergbauern ohne Gewinnbeteiligung/Gratisaktien.
Indessen bei Licht betrachtet: Sind die meisten Bergbauern nicht viel, viel zufriedener als wir Unterländer mit Oberlohn?
Wahrscheinlich legen Bergler den Begriff Reichtum einfach anders aus als wir Hektischen, Gestressten, Abgeschlafften mit dem erwähnten Fünfliberblick: Möglicherweise fühlen sie sich dann reich, wenn sie gesund sind, wenn sie jeden Tag ihre Arbeit verrichten können, wenn die Lawine ihr Heimwesen verschont, wenn ihr Bless ein schönes Kälbchen wirft, wenn der Blick auf die in der Morgensonne funkelnden Viertausender frei bleibt.
Wie murmelte schon der altrömische Philosoph Seneca: «Geld hat noch keinen reich gemacht!»
Wozu also unser Fünfliberblick?

18. Januar

Seit ich mir zum Lesen der Zeitungen mehr Zeit nehme, fällt es mir auf: Immer verzweifelter betonen Zeitungsmacher das offenbar besser verkäufliche Negative des Menschseins – obgleich gerade das hervorgehobene Positive als gutes Beispiel ansteckend sein könnte.
Warum nur lassen Redaktoren in ihren Blättern immer seltener Blumen blühen? Warum kämpft nicht endlich ein Tapferer für eine menschlichere Presse, wo die Print- und die Elektronikmedien so segensreich menschliche Aufbauarbeit leisten könnten?
Gut, im Sektor Presse sind Sport, Politik sowie Unglücksfälle und Verbrechen nun einmal die heiligen Kühe. Umso überzeugter verliehe ich jenem Chefredaktor, der bei seiner Zeitung endlich neu das Ressort «Herz und Gemüt» einführte, den Friedensnobelpreis.

18. Januar (abends)

«Gerate niemals überstürzt in Wut – du hast dafür genug Zeit», soll gemäss Abreisskalender ein gewisser Ralph Waldo Emerson geraten haben.

21. Januar

Ich habe das Bücherlesen neu entdeckt!
Jahrelang kaum ein Buch gelesen – da (angeblich) keine Zeit...
Jetzt aber hole ich Versäumtes in vollen Zügen nach. Ist ja tatsächlich etwas anderes als hastig sowie lustlos hinuntergeschlungene Pflichtlektüre (Tageszeitungen und dergleichen). Echte Bereicherung: Leben, Welten zwischen Buchdeckeln. Hochgestochen ausgedrückt: Horizonterweiterung vom engen Balkon aus.
Heute las ich in einem Anekdotenbuch von einem Feldherrn der Antike, der sich nach verlorener Schlacht von Feigen und Schwarzbrot ernähren musste. Weil ihm jedoch diese karge Speise unerwarteterweise ausgezeichnet mundete, rief er begeistert aus: «Um welch göttliche Freuden habe ich mich in meiner bisherigen Schwelgerei gebracht!»
Genau diese Erkenntnis hat mich dazu bewogen, wieder einmal im alten Büchlein mit den einfachen ländlichen Rezepten zu stöbern und mir innerhalb von zehn Minuten ein herrliches Ruunsüpplein (vornehm: Rahmsüpplein) zu basteln: Brottünkli (Schnäfeli) in die Suppenschüssel, mit zwei Esslöffeln Rahm übergiessen, darüber kochende Fleischbrühe (Bouillon), mit Schnittlauch «begrünen».
Ha und schmatzschmatz – ein Express-Süpplein zum Gesundwerden! Und nicht einmal anonym aus dem ach so umweltfreundlichen Alubeutel, sondern persönlich kreiert, voll hausgemacht.

Gut, ich verzehre es sicherheitshalber hinter zugezogenen Vorhängen. Schliesslich hat man Nachbarn, die einem auf die Finger sowie auf die Suppe schauen. Und ich kann mir sogenannte Armenmahlzeiten doch einfach nicht coram publico leisten!
Jammerschade eigentlich. Denn wäre im Leben nicht ausgerechnet Einfaches, Schlichtes das Schönste und das Beste?

22. Januar

Apropos Mahlzeit: Manchmal rätsle ich jetzt auch am Ursprung von Wörtern herum. Kommt Mahlzeit nicht am Ende von mahlen? Die römischen Legionssoldaten bekamen als Verpflegung doch täglich ihr Mass Getreidekörner, die sie zwischen (noch) gesunden Zähnen kraftvoll mahlten. Gemäss Überlieferung soll dabei einmal der Getreidenachschub nicht geklappt haben, weshalb den Kriegern als Alternativ-Zmittag Fleisch serviert wurde.
Aber hoppla, das hätten die Legionäre entschieden als unakzeptable Zumutung empfunden, berichtet die Legende:
Mit Fleisch statt Getreide fühle sich die Truppe längst nicht auf der Höhe ihrer Leistungsfähigkeit!
Eigentlich sollte das den wild fleischfressenden Lebewesen aus dem Pflanzen-, dem Tier- und dem Menschenreich zu denken geben...

24. Januar

Massenhaft gesucht werden in der Neuzeit über Stelleninserate Computer-Dompteure/eusen. Offene Stellen ausdrücklich für Menschen hingegen werden kaum ausgeschrieben.
Der Mensch bloss als unverbildetes göttliches Wesen – unter Umständen also sogar ohne Bildschirm – rentiert ja auch nicht besonders.

25. Januar

Spinnt eine Spinne kunstvoll ihr Netz, bewundert man sie allgemein (obgleich ihr Kunstwerk andern Lebewesen den Tod bringt). Spinne hingegen ich (etwas weniger kunstvoll, dafür aber nicht todbringend) Gedanken, bezeichnet die Fachwelt mich abschätzig als Spinner.
Wo bleibt hier die Gerechtigkeit?
Dabei hätte es in der unermesslichen Schöpfung doch weiss Gott für alle Arten von Spinnern genügend Platz!

27. Januar

Kollege Heinz hat mich zur Hausräuke eingeladen – sein Traum vom Eigenheim ist in Erfüllung gegangen! Doppelwohnhaus, hübsche Aussicht vom Sitzplatz aus. Dieser ist vom Nachbar-Sitzplatz mit einer hohen Palisadenwand abgetrennt. Eigentlich

noch begreiflich. Denn man will ja auch hie und da für sich sein.
Indessen: Fördert es die zwischenmenschlichen Beziehungen sehr, wenn die Wand an Wand lebenden Nachbarn ihre Palisadenwand nicht einmal mit einer bei Bedarf aufschliessbaren Tür versehen?

28. Januar

Die heisslaufende Chemie und allgemein eine optimal produzierende Industrie haben wir bitter nötig. Sonst sänke unsere Lebensqualität, wie Abbaufreudigen immer wieder zu bedenken gegeben wird.
Das kann schon stimmen, das mit der sinkenden Lebensqualität – nur: Der Begriff Lebensqualität erlaubt sicher mehr als eine Auslegung – schliesslich ist die Relativitätstheorie nicht umsonst erfunden worden!
Ja eben, was ist echte Lebensqualität überhaupt? Drei bis vier Autos in der Familie (auch wenn die Wälder sterben)? Ein tolles Ferienhaus in Spanien (das man «wegen des verdammten Stresses» jedes Jahr zwei Wochen benützen kann)? Geld für sein tägliches Fleisch in Hülle und Fülle (wo man wegen seiner Leber täglich höchstens dreimal Entrecôtes verzehren darf)? Vierzehn Tage China alles inbegriffen (obgleich in der computergesteuerten Hetzjagd der heimatliche Herzinfarkt programmiert ist)?

Verheisst Lebensqualität solcher und ähnlicher Art
– (sogenannter) Reichtum als Lebensqualität – tatsächlich jenes Erdenglück, nach dem wir uns so verzweifelt sehnen?
Oft in Stunden des mir zeitlich nun möglichen Nachdenkens bekomme ich, man entschuldige gnädigst, das Gefühl, besonders hinsichtlich der bei jeder Gelegenheit zitierten Lebensqualität zeige sich der Meister eher in der Beschränkung.

29. Januar

In einem Katalog habe ich letzte Woche eine tolle Kamera gesehen. Heute ist sie mir vom Pöstler gebracht worden. Jedoch wie sonderbar: Über eine solche Exklusivität müsste ich mich doch viel intensiver freuen können – so wie früher, als ich mir nach langem, mühsamem Sparen und sehnsuchtsvollem Warten einen heissen Wunsch endlich erfüllen konnte. Warum durchdringt mich dieses zehntausend Volt starke Gefühl nicht auch jetzt?
Während die Superkamera in meiner Hand auf einmal so nichtssagend und gewöhnlich erscheint, beginnt es bei mir zu dämmern: Selbst Exklusives beglückt uns deshalb nicht mehr, weil wir uns viel zu viel Exklusives leisten können – da wird selbst Traumhaftes zur attraktionslosen, banalen Angelegenheit!
Ja, wenn man die längst aus der Mode gekommene Vorfreude neu entdeckte, das glückselige Warten

auf die Erfüllung eines Wunsches, der unerfüllt oft viel höhere Hochstimmung bringt als erfüllt!
Träume sind in der Regel doch viel, viel schöner als die Wirklichkeit. Sollte es da mit den Wünschen anders sein?
Beglückt nicht die einst klug genutzte Vorfreude auf etwas ungleich tiefer als die allzu leicht möglich gewordene Freude über etwas?
Ich muss unbedingt versuchen, mich wie in meiner geheimniserfüllten Jugendzeit vermehrt und mit jeder Faser meiner Seele auf Termin zu freuen!

30. Januar

«Potz Blitz, das fehlte gerade noch, uns selber durch den Kakao zu ziehen!» empörte sich der Obmann, als ich an der gestrigen Schnitzelbank-Sitzung auch einen Spottvers über unsere Fasnachtsclique vorschlug.
Man sieht: Wenigstens Obmänner von Fasnachtscliquen haben Sinn für wirklichen Humor.

30. Januar
(in einem verlängerten Arbeitspäuslein)

Als ich gestern nach der Schnitzelbank-Sitzung heimwärts schritt, kam ich an der Disco vorbei – unüberhörbar der Lärm, ohrenzerfetzend noch auf der Strasse!

Weiter vorne aus einer Stube Radio-Akustik höchster Lautstärke: Übertragung eines Ski-Abfahrtsrennens. Kampf um Hundertstelssekunden in obersten Phonzahlen – Lärmkulisse kaum zu überbieten...
Beim beschleunigten Weitergehen fragte ich mich: Warum wohl müssen wir uns mit einem immer dikkeren Schutzschild aus Kolossalkrach wappnen? Übertönen wir mit dieser brüllenden Barbarei am Ende verzweifelt innere Stimmen, vor denen wir offensichtlich eine panische Angst haben?
Gut, die sich überschlagende Stimme des Radioreporters versuchte in der tobenden Schausport-Hysterie ja auch nur zu erklären, warum Zirkusartist A für die Bewältigung der total vereisten Strecke zwei Hundertstelssekunden weniger brauchte als Zirkusakrobat B. Klarheit im (sogenannten) Sport ist für das Wohl der Menschheit ja schon enorm wichtig!
Jedoch: Geht es bei diesem Krachkonsum in allen Lebensbereichen tatsächlich noch um die Sache? Benützen (missbrauchen) wir diese kriminellstarke Information nicht vielmehr wie angetönt dazu, jegliches Durchbrechen innerer, leiserer Stimmen unter allen Umständen zu verunmöglichen?
Wenn ja, frage ich mich allerdings, weshalb wir uns zähneklappernd dermassen vor inneren Stimmen fürchten. Könnten uns solche eventuell allzu Unbequemes mitteilen?

31. Januar

Über zweierlei bin ich doch gelinde erstaunt. Da stelle ich einerseits fest, dass ich in den letzten Wochen meinem Tagebuch regelmässiger Gedanken anvertraut habe als am Anfang dieser abenteuerlichen Buchführung.
Denken, Nachdenken – mein neues Hobby? Wär so schlimm eigentlich nicht. Denn während Knoblauch körperlicher Arteriosklerose vorbeugen soll, dürfte eigenköpfiges Denken Hirnverkalkung hinauszögern.
Es lebe darum mein neues Steckenpferd!
Soweit so gut. Der zweite Anlass zum Sichwundern: Heute kann ich sage und schreibe bereits das Jubiläum «Ein Jahr bewusster gelebtes Leben» feiern – ist das möglich?
Doch, es stimmt. Und weil normalerweise nach Ablauf eines Jahres Buchhalter Bilanz ziehen, werde ich um einen Rückblick auf ein Jahr alternative Geschäftstätigkeit nicht herumkommen. Drum sei's!
Am Bilanztag wohl die wichtigste Frage, die ich mir nach meinem Teilausstieg, Umstieg, Einstieg (Zutreffendes gefl. unterstreichen) stellen muss: Hat meine doch leicht geänderte Lebensweise mein Dasein gravierend verändert?
Und hier meine spontane Antwort: Garantiert!
Vor allem habe ich mehr freie Zeit dazu benützt, bewusster zu empfinden. – Beispiele? Also neuerdings kann ich sattes Krokusgelb zu meiner Ver-

wunderung wieder so einatmen (zur Abwechslung einmal mit den Augen!), dass tief in mir ein nicht beschreibbares Gefühl – könnte man es dem Sammelbegriff Glück zuordnen? – ausgelöst wird. Oder seit einiger Zeit bin ich fähig, in einem Stück schlichten Schwarzbrotes den kraftvollen Ruch unserer guten Erde zu schmecken, zu riechen, und vor allem dieses rustikale, grobkörnige Brot als wunderbare Gabe Gottes zu empfinden – mehr noch: Für diese Gabe dankbar zu sein.

Und ferner bin ich auf gutem Weg, das lange Zeit von Stress und schellenden Telefonen blockierte Staunen neu zu praktizieren, etwa wenn ich zu später Abendstunde in die glitzernde Unendlichkeit des Kosmos blicke – ohne das Gewaltige auch nur im entferntesten begreifen, geschweige denn erklären zu können.

Und noch vieles deutet darauf hin, dass meine erste Alternativ-Bilanz mit schwarzen Zahlen aufwarten kann: Nach einem kurzen Jahr schon fühle ich mich trotz des empfindlich abgespeckten Bankkontos viel, viel reicher als vor zwölf Monaten. Habe ich deshalb nicht jetzt schon eine grosse Zukunft hinter mir?

Jedenfalls darf ich rundum zufrieden sein. Kann ich meinen entscheidenden Schritt – künftig arbeiten, um zu leben, also nicht umgekehrt! – jedoch Interessenten für ein bewussteres Leben aus eigener Erfahrung vorbehaltlos weiterempfehlen? Der Wahrheit zur Ehre: Ich kann es nicht! Begründung: Unsere Wohlstands-, Produktions-, Konsum- und

Wegwerfgesellschaft ist für ein zumutbares Kürzertreten der Leistenden längst noch nicht reif!
Zwar hat so ziemlich jedermann, zumindest in sogenannten schwachen Stunden, die Sehnsucht nach einem Total- oder vorsichtiger nach einem Teilausstieg: Vom nervenaufreibenden Berufsstress frei werden, ohne hektisches Telefonsummen auf einer idyllischen Alp Kumuluswölklein zählen, Mensch sein dürfen, endlich Mensch... Wahrlich, Freunde, gross ist diese Sehnsucht nach Freiheit! Und schon deshalb werde ich in letzter Zeit «als Praktiker» oft gefragt: Soll (auch) ich es tun, den Sprung wagen, was meinst du, mit deiner nun doch einjährigen Erfahrung?
Aber eben, bei solchen Gelegenheiten muss ich erstaunlicherweise eher ausweichend Auskunft geben. Denn hier kann meine ehrliche Antwort wirklich nur lauten: Deine Frage lässt sich weder mit einem klaren Ja noch mit einem klaren Nein beantworten – vor allem weil ein solcher Schritt stets eine höchstpersönliche Entscheidung ist, für deren Konsequenzen jeder (sogenannte) Aussteiger «bis zum bitteren Ende» eben selber aufzukommen hat. Man merke: Konsequenzen sind in jedem Fall zu erwarten – und zwar durchaus nicht bloss angenehme!
Allerdings setzen «wir Aussteiger» lediglich das in die Tat um, was selbst militante Umweltschützer leider bloss in der Theorie propagieren: Wir produzieren beispielsweise weniger, verbrauchen deshalb nicht so viel Energie, beuten unsere gute Mut-

ter Erde also wenigstens nicht mehr ganz so schamlos aus. Wir konsumieren, dabei immer noch gut lebend, das Notwendige, verzichten auf überflüssige Extras jeglicher Art, tragen zum weiteren Anwachsen der Abfallgebirge somit eindeutig weniger bei. Wir reduzieren unsere Autokilometer auf einen Bruchteil des bisherigen, gesellschaftlich entscheidenden Plansolls, lassen vielleicht mit diesem Vernunftsbeitrag eine Tanne oder eine Buche leben. Und in einer gemächlicheren Gangart tun wir manches andere, das die Umwelt enorm belastet, nicht mehr. Schon weil wir merkwürdigerweise gar nicht mehr das Bedürfnis haben, es zu tun.

Jedoch – und jetzt kommt die sensationelle Feststellung – gerade mit dieser gemächlicheren Gangart machen wir uns in der von Arbeits- und Karrieresucht terrorisierten Gesellschaft höchst verdächtig: Wer nicht ständig volle Kraft voraus leistet, schadet hauptsächlich einmal dem berühmten Bruttosozialprodukt, muss gefälligst als wirtschaftlicher Landesverräter eingestuft werden! Unsere nach wie vor extrem leistungsorientierte Gesellschaft ist aus solchen Gründen höchstens für theoretischen Umweltschutz reif, hat «für Schmarotzer», die in angewandtem Umweltschutz wenigstens kleine Opfer zu bringen bereit sind, nichts übrig: Einer, der freiwillig den Docht des Wohlstandes herunterschraubt, gehört doch mindestens in eine Arbeitserziehungsanstalt, jawohl Sie!

Dreimal tief durchgeatmet, eben darum war mein Teilausstieg mit Einstieg in eine von mir besser zu verantwortende Lebensweise zur Hauptsache mit einem bedeutenden sozialen Abstieg verbunden. Weithin hör- und sichtbar habe ich mir mein gesellschaftliches Image irreparabel verdorben – mit meiner eben fast überall unverständlichen Bereitschaft, den unvernünftig hohen Lebensstandard auf ein vernünftiges Mass zu senken und vor allem die kostbare Leihgabe Leben intensiver zu nutzen. «Mit so einem» kann doch tatsächlich etwas nicht stimmen, oder?

Indessen: Bin ich übermässig traurig, dass ich «garantiert in geistiger Verwirrung» (so die Stimme des Volkes) neuerdings nicht einmal mehr als Beisitzer der Aufsichtskommission über die kommunale Feldmauserei kandidieren könnte?

Ich bin es nicht. Denn für mein vielleicht fahrlässig abgetauschtes gesellschaftliches Image habe ich, wie mir scheint, beglückendere Werte eingehandelt als etwa einen Beisitzerposten in der Gemeindemauserei.

Trotzdem: Ganz oder auch nur teilweise aussteigen sollte man nach meinen bisherigen Erfahrungen unter allen Umständen erst dann, wenn man von seiner Idee hundertzehnprozentig überzeugt ist, wenn einen selbst brutalste Deklassierungen seitens der Mitmenschen verhältnismässig unberührt lassen. Jener Aussteigerkandidat hingegen, dem das Urteil seiner Umwelt einiges bedeutet, müsste unbedingt die Finger von einem solchen – wie man sieht – doch recht gewagten Unternehmen lassen. Denn leicht könnte dieses schiefgehen. Drum prüfe also, wer Aussenseiter werden will... Diesen dringenden Rat jedenfalls gebe ich, so in dieser Sache jemand vertrauensvoll bei mir anklopft.

Denn: Sollte ich wirklich verschweigen, dass mein Schritt «in eine andere Richtung» gewisse, wenn auch bloss scheinbar negative Folgen hatte? Wäre dies nicht unehrlich sowie allfälligen Gefolgsleuten gegenüber höchst unfair? Deshalb lieber reinen Wein, mit dessen Wahrheit ich auch bei künftigen Anfragen rechtzeitig Unheil zu vermeiden versuche.

Was jedoch mich betrifft: Heute, ein volles Jahr nach dem etwas aufregenden Start in das doch eher Ungewisse, spüre ich in mir eine unerklärliche Kraft, auch in nächster Zukunft nicht die übervölkerte, gesellschaftlich vorgeschriebene Hauptstrasse des Lebens zu benützen, sondern mich an verkehrsärmere, stillere Nebenwege zu halten.

Stosse ich «am Jahrestag meiner Befreiung» schon deshalb lebensbejahend und zukunftsfreudig mit mir an. Selbstverständlich nicht mit Champagner. Denn solch vornehmes Getränk passt längst nicht mehr zu meinem fast beängstigend niedrig gewordenen gesellschaftlichen Stand. Immerhin aber mit einem Dreier köstlicher Milch, die ich direkt von einem Bauernhof beziehe:

    Auf mein zweites wirkliches Lebensjahr!